U0033709

南昌行營
參謀團大事記
（一）

Generalissimo's Nanchang Field Headquarter

Military Staff Records

Section I

目錄

導讀

蘇聖雄
中央研究院近代史研究所助研究員

一

　　南昌行營，以蔣介石發動新生活運動的發起地為人所知，1934 年 2 月 19 日，蔣介石在南昌行營擴大紀念週上發表〈新生活運動之要義〉之演講，新生活運動正式揭開序幕。此外，南昌行營作為國民政府對中國共產黨進行大規模圍剿的總司令部，亦廣為人知。

　　南昌行營是怎麼樣的組織？論其源流，可從古代中國說起。中國幅員廣闊，對地方事務，中央時有鞭長莫及之感，故常派遣人員至地方巡查，或於地方設置機關監督管理。以唐代制度而言，全國區分十道，派觀察使監察州縣地方政府，實際上長駐地方，成為地方更高一級之長官。此種監察使若為巡視邊疆，於邊防重地停駐下來，中央對地方事務得隨宜應付，臨時全權支配，稱為節度使，指揮軍事，管理財政，甚至掌握地區用人大權。始於元代的行省制度，亦本中央擴權延伸之旨，時中央有中書省之機關，即中央的宰相府，「行省」即「行中書省」，中央派出機構駐紮在外，藉以軍事控制、集權中央，乃至清代之總督巡撫，亦類於此，初設

乃為臨時掌管軍事，其後常川駐紮地方。[1]

行營為中央力量向地方擴張的一種組織，偏重軍事層面。「行營」一辭於中國歷史中，泛指某軍事長官出征到外地臨時組建之軍營，為軍事長官之駐地辦事處。[2]「行營」之制度化，最早在唐代安史之亂以後。安史亂前，雖已有行營，但尚未普遍化形成制度，如唐玄宗天寶六年（747）「特敕仙芝以馬步萬人為行營節度使往討之」，此處之「行營節度使」為玄宗「特敕」成立，說明派軍出征而稱行營，為特殊情況之權宜辦法。安史之亂以後，唐肅宗乾元元年（758），任命李嗣業為鎮西、北庭行營節度使屯河內，「行營」節度使成為一種制度，為相對「本鎮」之軍事機關，[3]此後歷代沿用，不過各朝之行營性質續有變動。[4]

清末以降，地方主義興起，[5]及至民國初年各軍系

1 錢穆，《中國歷代政治得失》（臺北：東大圖書公司，2001），頁 54-56、130-133。

2 三民書局出版的《大辭典》「行營」條有四義，一為奔走營求，二為巡視軍營，三為出征時的軍營，四為軍事長官駐地辦事處。參見三民書局大辭典編纂委員會編，《大辭典》，冊 3（臺北：三民書局，1985），頁 4279。中國文化大學出版的《中文大辭典》「行營」條亦有四義，一為唐代節度使之軍營，二為出征時之軍營，三為營治，四為出兵。參見張其昀監修，《中文大辭典》（臺北：中國文化大學出版部，1993九版），頁 559。

3 張國剛，〈唐代藩鎮行營制度〉，《唐代政治制度研究論集》（臺北：文津出版社，1994），頁 175-196；孟彥弘，〈論唐代軍隊的地方化〉，《中國社會科學院歷史研究所學刊》，輯 1（2001年 10月），頁 264-291。

4 五代、宋代之行營，可參見翁建道，〈五代行營初探〉，《高應科大人文社會科學學報》，期 5（2008年 7月），頁 63-83；翁建道，〈宋真宗咸平時期鎮定高陽關行營之建立〉，《史學彙刊》，期 29（2012年 6月），頁 59、61-93。

5 胡春惠，《民初的地方主義與聯省自治》（北京：中國社會科學

割據，地方分權力量甚大，故中華民國中央政府建立以後，對地方之掌控特別留意。「行營」這樣的組織，便是中央政府對地方控制的一環，同時也具有軍事長官駐地辦事處之意義，如 1923 年初時為陸海軍大元帥的孫文，設陸海軍大元帥大本營，曾任蔣介石為大元帥行營參謀長。[6]

二

國民政府設立行營此一機關，最初在北伐途中，設有「國民革命軍總司令行營」，為行營制度化之始，有印信及專屬用箋。[7]由於蔣介石擔任國民革命軍總司令，該行營可視為蔣介石之行營。

國民革命軍北伐之後，軍事委員會、國民革命軍總司令部相繼撤銷，國民革命軍總司令行營隨之結束。1929 年初，桂軍反抗中央，內戰爆發，4 月，時任國民政府主席的蔣介石，根據〈中華民國國民政府組織法〉第一章第三條規定「國民政府統帥海陸空軍」，遂以國民政府主席之名義，組織陸海空軍總司令部，親兼總司令，同時為便於指揮作戰，貫徹軍事作戰命令，於全國各要地成立「陸海空軍總司令行營」，[8]作為總司令部

出版社，2011），頁 1-13。

6 「孫中山手令特任蔣中正為大元帥行營參謀長」（1923 年 6 月 16 日），〈蔣中正書法（影本）〉，籌筆，《蔣中正總統文物》，國史館藏，典藏號：002-011100-00001-095；郭廷以，《中華民國史事日誌》（臺北：中央研究院近代史研究所，1979），冊 1，1923 年 6 月 16 日條，頁 730。

7 現藏於國防部國軍歷史文物館。

8 其印信現藏於國史館。

的派出指揮機關，行營益為制度化。[9]

　　陸海空軍總司令各行營設主任一員，由資歷深且具有相當指揮作戰能力的將領擔任。自 1929 年至 1931 年底，陸海空軍總司令部在全國計組建北平、武漢、廣東、洛陽、徐州、潼關、鄭州、南昌等行營。九一八事變後，蔣預備下野，陸海空軍總司令部進行組織調整，各總司令行營撤銷，改為各綏靖公署，總司令行營於焉結束。[10]

　　1932 年初，蔣介石復出擔任軍事委員會委員長，於 1933 年 2 月 7 日開始籌設「軍事委員會委員長南昌行營」。1933 年 5 月 21 日，軍事委員會委員長南昌行營成立，以熊式輝為行營主任，此為蔣介石身為委員長的行營，[11] 即本史料系列所指稱之對象。

　　依據〈軍事委員會委員長南昌行營組織大綱〉（1933 年 6 月 24 日頒布），第一條：「軍事委員會委員長為處理贛、粵、閩、湘、鄂五省剿匪軍事及監督指揮剿匪區內各省黨政事務之便利起見，特設南昌行營」，[12] 可見該機關不但管轄範圍廣闊，所轄事務並不限於軍事，而及於各省黨政諸事務。事實上，其實際權

9　咸厚杰、劉順發、王楠編，《國民革命軍沿革實錄》（石家莊：河北人民出版社，2001），頁 123。

10　張皓，〈形形色色的國民黨行營〉，《黨史博覽》，1995 年第 2 期，頁 46；咸厚杰、劉順發、王楠編，《國民革命軍沿革實錄》，頁 123-124、140-141。

11　蘇聖雄，〈國史館數位檔案檢索系統之運用──以「行營」研究為例〉，《國史研究通訊》，期 2（2012 年 6 月），頁 199。

12　蔡鴻源主編，《民國法規集成》，冊 33（合肥：黃山書社，1999），頁 398-399。

力不僅止法條規範,據當時擔任南昌行營審核處秘書的
謝藻生指出,南昌行營管轄範圍為江西、福建、浙江、
湖南、湖北、安徽、河南、江蘇、山東、陝西十個省及
上海、南京、漢口三個特別市,以及軍事委員會所屬的
軍政部、參謀本部,受管轄單位每月必須將人事、經費
送行營審核,為全國最龐大之軍事機構。[13] 又據親汪兆
銘的中國國民黨高層陳公博回憶:「蔣先生(蔣介石)
又以剿匪為名,請求中央把剿匪區域都劃給行營(南昌
行營),無論軍事、財政、司法,以及地方行政,一
概由行營辦理,因此行政院更是花落空庭,草長深院
了⋯⋯行政院簡直是委員長行營的秘書處,不,秘書處
也夠不上,是秘書處中一個尋常的文書股罷了。」[14] 這
些回憶或有誇張之處,但南昌行營在當時的重要性,確
是不容輕忽。

　　南昌行營經過一年多的運行,達成其設置目的,
其監督指揮對中國共產黨之第五次圍剿,迫使共軍於
1934 年底退出贛南根據地,往西南「長征」。國民政
府隨即於 12 月組織「軍事委員會委員長行營參謀團」
入川,運籌、指導、督察四川剿共各軍之作戰,以原南
昌行營第一廳廳長的賀國光出任參謀團主任,可說是南
昌行營的延伸。[15]

---

13 謝藻生,〈我所知道的南昌行營〉,《世紀行》,1995年第 1 期,
　　頁 36。
14 汪瑞炯、李鍔、趙令揚編註,《苦笑錄:陳公博回憶(1925-1936)》
　　(香港:香港大學亞洲研究中心,1979),頁 329。
15 〈軍事委員會公布委員長行營參謀團組織大綱訓令〉(1934年
　　12 月 23 日),收入中國第二歷史檔案館編,《中華民國史檔

　　1935 年初，江西共區經次第克復，南昌行營於
1 月底結束。有鑑於南昌行營之成功，蔣介石擴大運用
行營制度，先將行營從南昌移駐武昌，後移四川，初
未冠上駐地名稱，皆稱「軍事委員會委員長行營」，[16]
1936 年兩廣事變結束後，建立廣州行營，始冠上駐
地名稱。[17] 1937 年全面抗戰爆發後，行營制度賡續推
廣。戰後 1946 年 5 月，隨著軍事委員會取消改設國防
部，軍事委員會委員長各行營改制為國民政府主席各行
轅，[18] 其下設若干「綏靖公署」，統一指揮對共產黨的
軍事行動，及綜整管轄區域之民政。[19] 1948 年 5 月 19
日，蔣介石即將就任中華民國總統，國民政府主席一職
撤銷，各地行轅復改為綏靖公署或歸併入各地剿匪總司
令部，[20] 至是行營（行轅）之設置歷史全部結束。

三

　　本系列係國民政府行營設置史上最重要的南昌行營
之史料彙編，這集收錄「國民政府軍事委員會委員長行

　　案資料匯編》，輯 5 編 1：軍事 1（南京：江蘇古籍出版社，
　　1991），頁 28-33；《中央日報》（南京），1934 年 12 月 30 日，
　　第 1 張第 2 版。

16 駐地重慶之行營，以賀國光為行營主任，正式稱呼未冠上駐地名
　　稱，然一般仍習稱為「重慶行營」。

17 「軍事委員會委員長廣州行營電國民政府」（1936 年 10 月 4 日），
　　〈軍事委員會各行營行轅官員任免（一）〉，《國民政府檔案》，
　　國史館藏，典藏號：001-032107-0040。

18 當時國民政府主席即蔣介石。

19 劉國新主編，《中國政治制度辭典》（北京：中國社會出版社，
　　1990），頁 387、391。

20 張憲文、方慶秋、黃美真主編，《中華民國史大辭典》（南京：
　　江蘇古籍出版社，2002），頁 727-728。

營參謀團大事記」（以下簡稱「參謀團大事記」），計
有三冊。

　　「參謀團大事記」是原南昌行營第一廳廳長賀國光
（字元靖），主持行營參謀團入川的史料集，由賀本人
所輯，主要為 1935 年事。內容首先是蔣介石手令，分
為原件與抄件，為蔣對參謀團鉅細靡遺的指示，得窺見
參謀團入川情形及蔣對川省之戰略規劃。爾後各篇分為
「參謀團之成立」、「剿共軍事」、「政治」、「參謀
團之經理概況」、「附錄」。綜觀其內容，非如題名所
稱，僅為編年體之「大事記」，實收入大量一手史料，
以參謀團案卷為主，間收其他文卷內容，諸多為現今國
史館等檔案館藏所無。

　　「參謀團大事記」之內容，是國民政府軍政力量延
伸的過程，也是「三分軍事，七分政治」之體現。有益
讀者加深對南昌行營及其後續組織之認識，就考究蔣介
石的組織運用、民國中央與地方之關係、國民政府軍
事力量入川之經過、圍剿追剿共軍之經過、國民政府對
基層的控制，乃至國民政府如何建構現代國家等種種課
題，相信亦有一定助益。川籍要員周開慶，晚年曾對行
營之重要性謂：

　　　　國民政府北伐成功，統一全國後，在中央與各省地
　　　　方間，常有一種中間性的軍政組織，承上轉下，
　　　　秉承中央政府的命令，督導轄區三數省份的軍政建
　　　　設工作。這種組織有時叫行營，有時叫行轅……在
　　　　過去軍政措施上收到不少的效果；以我國幅員廣

大……仍有採行的必要。研究以往的軍政體制，
我以為這種組織是最值得注意的。政府機關如國防
部、三軍大學、或國防研究院，應該指定專人，從
事蒐輯資料，作有系統的研究。研究我國現代軍政
制度的專家學者，拿這種組織作一個專題來研討，
也是很有意義的。[21]

　　對於加深行營研究，周開慶 50 年前已有倡議，惟
至今相關研究仍舊鮮少。民國歷史文化學社編輯部察知
行營重要性，先從最關鍵的南昌行營史料展開出版工
作，價值可觀，其意深遠，讀者讀之當可體會。

---

21 周開慶，〈重慶行營史話〉，《暢流》，46：11（1973年1月），
　　頁 8。

編輯凡例

一、本套書共三冊，收錄「國民政府軍事委員會委員長
　　行營參謀團大事記」，依原文錄入。

二、第一冊〈編輯大意〉為原書內容，予以保留。

三、第一篇為蔣介石手令，其中辦理過程幕僚回報、建
　　議文字等，以楷體標示。

四、原稿已有標點者予以保留，若無則加具標點。

五、錯字、漏字、贅字等均不予更動，異體字、俗寫
　　字、通同字等一律改為現行字，無法辨識文字以■
　　表示。平抬、挪抬等書寫格式一概從略。為便利閱
　　讀，表格內容皆改以阿拉伯數字呈現。

六、本書史料內容，為保留原樣，維持原「匪」、「偽」
　　等用語。

七、本書改直排文字為橫排，內容之如右（即如前）、
　　如左（即如後）等文字皆不予更動。

八、部分附件因原稿即缺，故無法排印。

國民政府軍事委員會委員長行營參謀團大事記

附圖一 參謀團入川前川北匪我形勢要圖
二十四年一月十一日

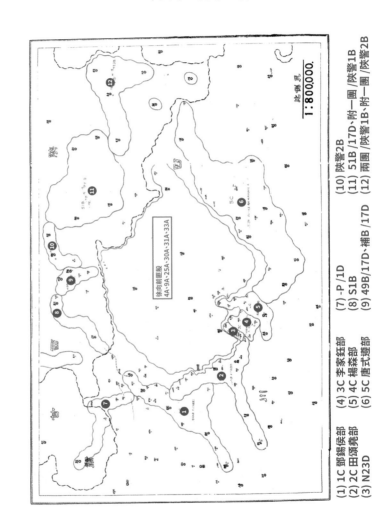

比例尺 1 : 800,000.

(1) 1C 郭錫侯部
(2) 2C 田頌堯部
(3) N23D
(4) 3C 李家鈺部
(5) 4C 楊森部
(6) 5C 唐式遵部
(7) -P /1D
(8) S1B
(9) 49B /17D、補B /17D
(10) 陝警2B
(11) 51B /17D、附一團 /陝警1B
(12) 兩團 /陝警1B、附一團 /陝警2B

徐向前匪股
4A、9A、25A、30A、31A、33A

附圖二　我軍克復萬儀巴通蒼各縣後匪區
縮小要圖
二十四年三月五日

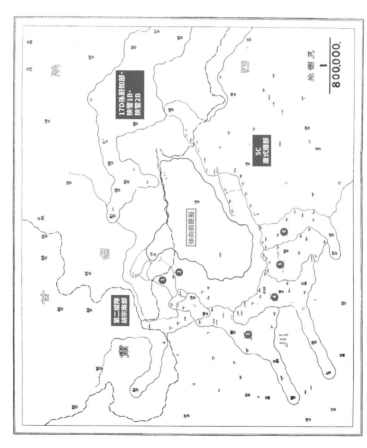

附圖三　我軍對匪區竄渡嘉陵江追堵要圖
二十四年四月三日

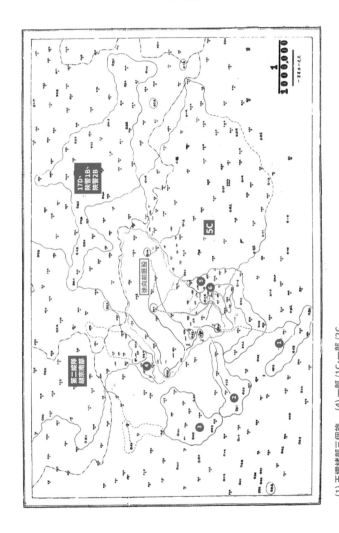

(1) 王纘緒部三個旅
(2) -P /2C
(3) -P /1C
(4) 一部 /1C、一部 /2C
(5) 4C
(6) 3C附N23D

附圖四　我軍收復嘉陵江東岸向江油援剿要圖

二十四年四月二十一日

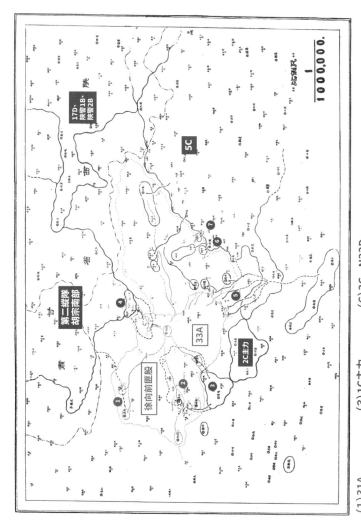

附圖五　我軍江油解圍分防松潘汶灌要圖
二十四年五月二十七日

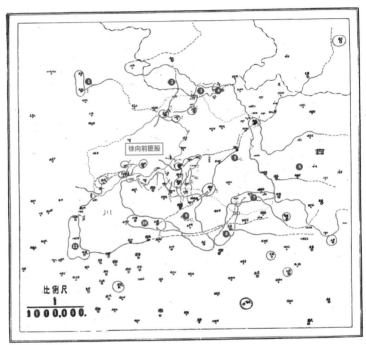

(1) -P /二縱	(4) 胡部右路	(7) 3C	(10) -P /6C
(2) 胡部左路	(5) -P /1C、-P /2C	(8) 一個D /5C	(11) 3C
(3) 胡部中路	(6) 5C	(9) 1C、2C	

附圖六　我軍對竄渡烏江之匪擊潰于

土城要圖

二十四年一月二十八日

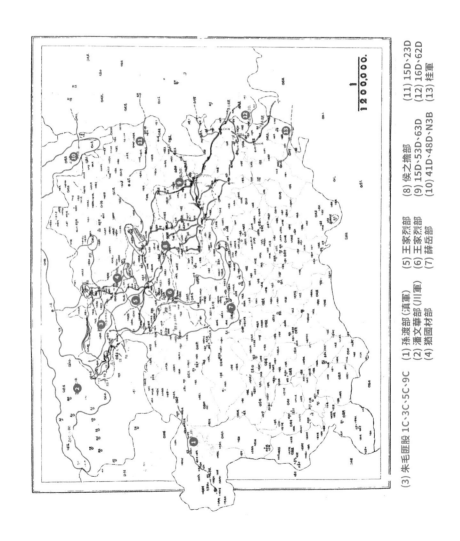

附圖七　我軍于威信鎮雄間將匪截擊回竄要圖

二十四年二月十九日

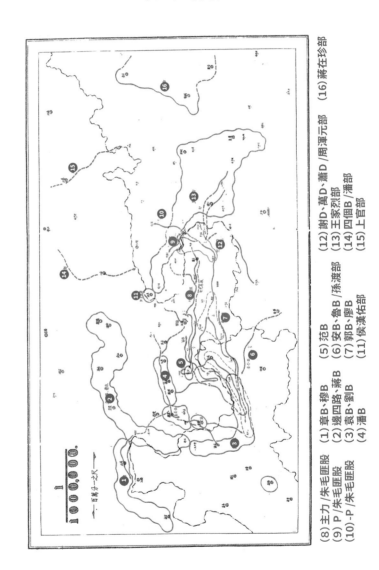

(8) 主力 /朱毛匪股　　(1) 章B、穆B　　　　(5) 范B
(9) P /朱毛匪股　　　(2) 邊四路、蔣B　　　(6) 安B、魯B /孫渡部
(10) -P /朱毛匪股　　(3) 袁B、劉B　　　　(7) 郭B、廖B
　　　　　　　　　　(4) 潘B　　　　　　　(11) 侯漢佑部

(12) 謝D、萬D、蕭D /周渾元部
(13) 王家烈部
(14) 四個B /潘部
(15) 上官部
(16) 蔣在珍部

附圖八　魯班場之役將匪擊潰要圖

二十四年三月十七日

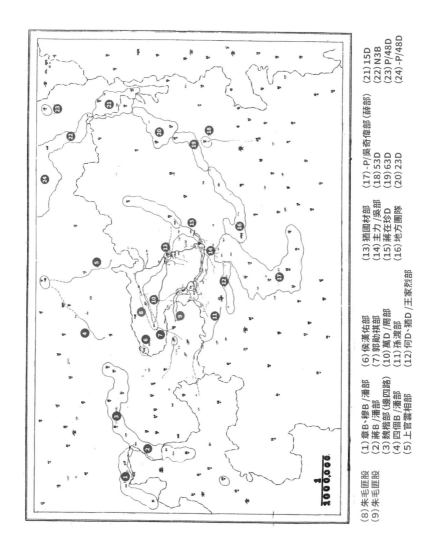

(1) 章B、穆B／潘部　　(6) 侯漢佑部　　(13) 猺國材部　　(17) -P／吳奇偉部（薛部）　(21) 15D
(2) 蔣B／潘部　　　　(7) 郭勛祺部　　(14) 主力／吳部　(18) 53D　　　　　　　(22) N3B
(3) 魏楮部（線四路）　(10) 萬D／周部　(15) 蔣在珍D　　(19) 63D　　　　　　　(23) P/48D
(4) 四個B／潘部　　　(11) 孫渡部　　　(16) 地方團隊　　(20) 23D　　　　　　　(24) -P/48D
(5) 上官雲相部　　　　(12) 何D、猺D／王家烈部

(8) 朱毛匪股
(9) 朱毛匪股

1/1000,000.

附圖九　我軍于觀音山將匪擊潰跟追入滇要圖
二十四年四月二十一日

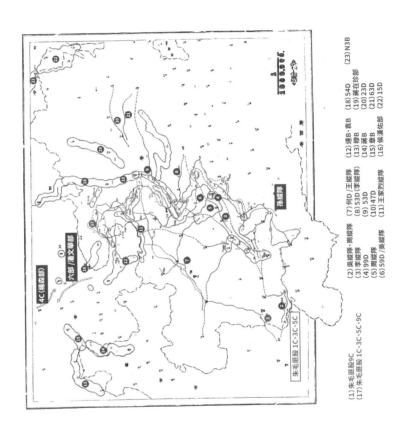

（1）朱毛匪股9C
（17）朱毛匪股 1C-3C-5C-9C
（2）吳縱隊、周縱隊
（3）李縱隊
（4）99D
（5）周縱隊、吳縱隊
（6）59D、吳縱隊
（7）何D／王縱隊
（8）53D（李縱隊）
（9）53D
（10）47D
（11）王家烈縱隊
（12）連B、黃B
（13）穆B
（14）蔣B
（15）章B
（16）侯漢佑部
（18）54D
（19）蔣在珍部
（20）23D
（21）63D
（22）15D
（23）N3B

附圖十　我軍對匪竄渡金沙江追堵要圖
二十四年五月二十五日

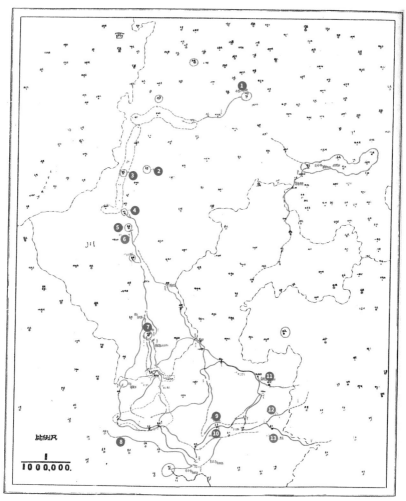

(1) 4B (楊森部)　　(4) -P /朱毛匪股　(8) 孫縱隊　　　　(6) 主力 /朱毛匪股
(2) -P /劉文輝部　(5) 劉文輝部　　(9) 主力 /周縱隊　(12) 朱毛匪股 9C
(3) -P /劉文輝　　(7) 劉元唐部　　(10) 主力 /吳縱隊　(13) 朱毛匪股

附圖十一　我軍阻絕朱毛與徐匪會合經過要圖
二十四年六月十八日

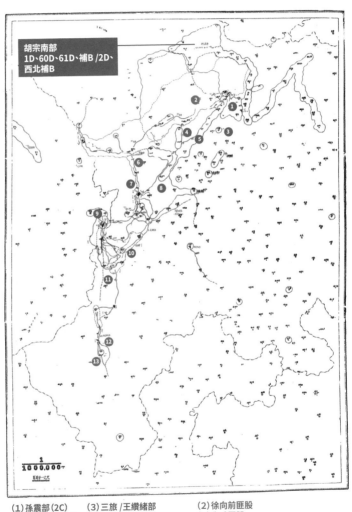

胡宗南部
1D、60D、61D、補B /2D、
西北補B

(1)孫震部(2C)　　(3)三旅/王纘緒部　　(2)徐向前匪股
(4)李家鈺部(3C)　(5)21A　　　　　　　(6)朱毛匪股
(7)楊森部　　　　(8)鄧錫侯部　　　　　(12)1P/朱毛匪股
(9)53D　　　　　　(10)劉文輝部 五個B / 21A　(13) -P /朱毛匪股
(11)李縱隊(53D)

附圖十二　我軍對朱毛徐匪股會合後封鎖
追剿要圖
二十四年九月

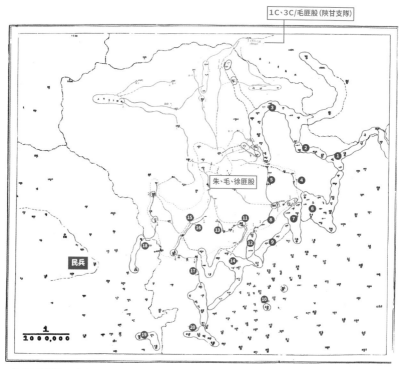

(1)周縱隊	(5)-P/3C	(9) 21A	(13) P /鄧軍	(17)楊森部
(2)吳縱隊	(6)2C	(10) 郭勛祺D	(14)鄧錫侯部	(18)-P /劉文輝部
(3)胡宗南部	(7)王纘緒部	(11)范D	(15)-P /鄧軍	(19)53D
(4)P/彭D	(8)-P /3C	(12)3C	(16)-P /楊森部	(20)-P /劉文輝部

附圖十三　川西北邊區清剿計畫要圖
二十四年九月十五日

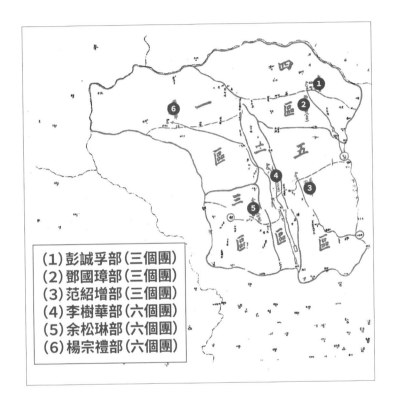

(1)彭誠孚部(三個團)
(2)鄧國璋部(三個團)
(3)范紹增部(三個團)
(4)李樹華部(六個團)
(5)余松琳部(六個團)
(6)楊宗禮部(六個團)

附圖十四　我軍對回竄之匪增兵進剿要圖
二十四年十月

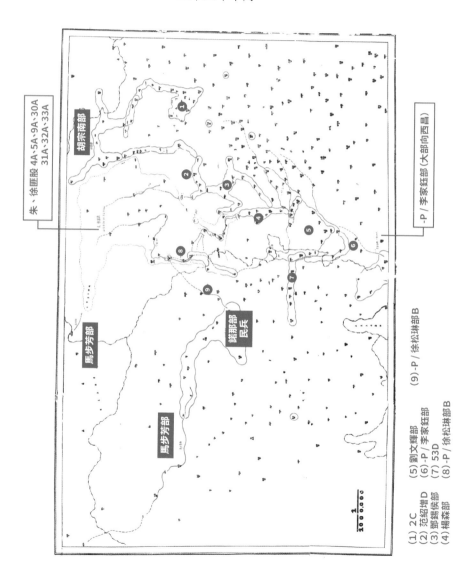

（1）2C
（2）范紹增部D
（3）郭錫侯部
（4）楊森部
（5）劉文輝部
（6）-P／李家鈺部
（7）53D
（8）-P／徐松琳部B
（9）-P／徐松琳部B

四川公路圖

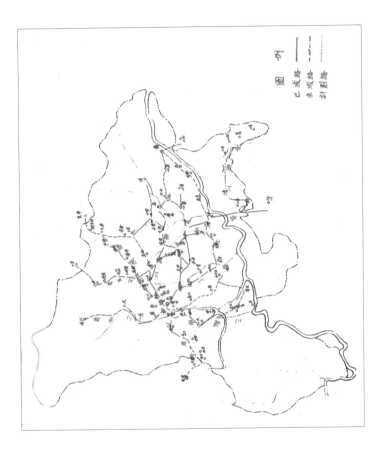

貴州公路圖

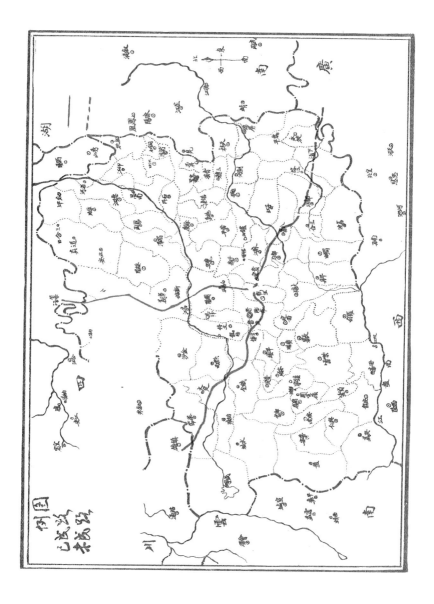

四川各軍防區略圖

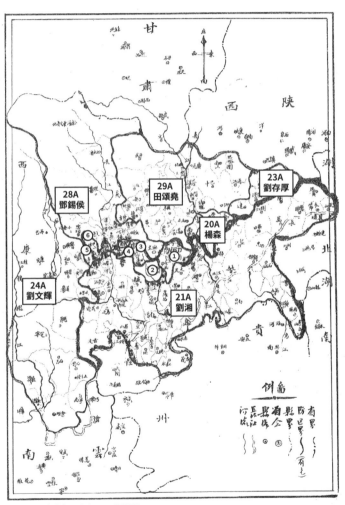

(1) N6D 李家鈺　(2) 23D 羅澤洲
(3) N6D　　　　(4) 23D
(5) 23D　　　　(6) N6D

四川省行政督察區域略圖

貴州省行政督察區域略圖

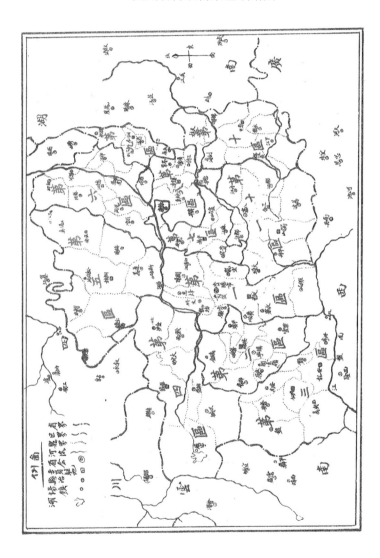

編輯大意

一、川、黔兩省，比年以來，因國家多事，中央不暇
　　西顧，勢成割據；漸至情形丕隔，真相不明。至若
　　西康，則習俗宗教，迥殊內地，前清即似甌脫，向
　　少關聯；迄于民國，更形同化外。自參謀團入川以
　　後，賴中央及委員長之德威，僅十閱月，而分崩離
　　析之川、黔、康三省軍事政治，次第就範，漸與腹
　　地各省，齊頭並進。國光適逢其會，豈敢言功？第
　　自東北淪陷，舉國人士，更知注重邊防，及提倡復
　　興民族；而對于僻處西陲之黔、康，及復興民族
　　根據地之四川，竟因情形隔閡，而遂漠視，殊為
　　憾事！

二、赤禍蔓延，毒痛數省，為害之烈，誠歷代流寇所
　　不及；集全國之兵力，圍剿數年，始漸就消滅。國
　　光追隨委員長，參贊剿匪戎幕，靡役不從；對于剿
　　匪情形，知之較詳。而處理川、黔、康三省軍政，
　　亦既經年，故對于三省情形，亦略知梗概。于參謀
　　團結束時，即欲將經辦之事，編纂成帙，以供關心
　　匪患及邊務者之參考；因彼時朱、毛、徐等股匪，
　　尚在流竄中；而蕭、賀股匪，尚盤踞湘西；關于軍
　　事部份，不能宣布，遂未著手。現已事過景遷，無
　　須再守秘密，乃事編纂。國光謭陋不文，且案牘勞
　　形，倉卒脫稿，不暇整理；其中紕繆實多，尚望閱
　　者，不吝賜教！

三、本書純係記事體，不尚議論；有時因追敘過去事

實，或記載進行情形，及其結果；為便利行文起見，略加按語。然祇事論事，不參偏見。

四、人第知委員長旋乾轉坤之魄力，為人可不及；而不知其苦心孤詣，實事求是，鉅細靡遺之精神，尤足效法。故本書將委員長手令，載諸篇首，分上下兩集；上集為墨稿，悉用影印，以存真蹟；其為鉛筆所書，或批在文電之上者，因不便影印，及經轉抄之重要者，則悉載下集；均依日期先後編次。其有電令，則散見于各篇中，不另彙集。

五、本書所取材料，以參謀團案卷為主。間有為參謀團案卷所未備載，而散見于其他文卷中者，亦設法蒐集，以求事實明瞭，但係參雜採用，非全錄原文，故未註明出處，非掠美也。

六、本書所記事實，均經實施。其未經實施，或中途變更辦法者，概行刪除，免涉虛偽。或雖未經實施，而與實施事項有連帶關係者，亦間採用，以供參考。

七、本書所記事實，凡有案可稽者，悉錄原文，以存其真。但關於軍事及政治事項，雖由參謀團主管，間有由委員長侍從室或秘書長室處理者，案卷散佚，無從蒐集；故有時僅記事實，而不錄原文。

八、本書可敘事實，凡所錄之公文或條規中，已有詳細情形及辦法者，不另敘述，以免重複。

九、本書中凡稱本年或本年度者，係指二十四年，及二十四年度而言。

十、本書中所引人名，除第一次銜名並稱外；以後書名而不書銜，或逕書某機關，而銜名俱略。

十一、本書係國光所記，以記者二字，代替國光。

十二、書中對于機關、部隊、條規、地名……等各種名詞，多有簡稱，如：稱「四川省政府」為「川省府」；稱「第一師胡宗南」為「胡師」或「胡部」；稱「修正剿匪區內各縣編查保甲戶口條例」為「保甲條例」或「編查條例」；稱「四川省」為「川」之類。

十三、本書有時因習俗沿用過去地名，如稱：「成都」為「蓉」；「重慶」為「渝」；「貴州省」為「黔省」；「貴陽」為「筑」；「西昌會理……」等縣為「建昌」或「寧屬」與「建屬」；「敘永古宋……」等縣為「敘府」，或「敘屬」之類。

十四、關于軍事位置，有附載地圖（自參謀團成立時起以前從略）可資參考。所有縣名及鄉鎮名稱，均僅書某縣或某鄉鎮之名，概不贅引某省之某縣，或某縣之某鄉鎮。

十五、凡有時間性之事項，均詳記月日，如剿匪軍事篇是。其他各篇之時間，有無關重要者；有其事尚在陸續進行中，不能強分月日者，多從省略。或僅記月而不記日。

十六、本書中凡稱「命」或「令」者，均係以委員長名義頒發；凡稱「呈」或「報告」者，均係對委員長而言，為省繁文起見，有時僅曰「命」，曰「令」，或曰「呈」，曰「報告」。

十七、凡平行來去文件，「函」則稱「函」，「電」則稱「電」；凡上下行來去文件（有用電或代電

者），概稱為「呈報」與「命令」或「訓令」，
以重體制。

十八、凡以委員長名義對外所行文件，有奉諭指示辦理
者，有交由國光酌辦者，有簽奉批准辦理者，動
機雖各有不同，其為稟承委員長意旨辦理則一；
概不詳敘奉諭、奉交、奉批經過，以省繁文。

十九、西康政務，雖限于特殊情形，不能與川、黔兩
省，齊頭並進，然其各項事業，亦有相當成
績。本書編纂時，因文卷調往西安行營，無案
可稽，故略而不詳。

二十、在參謀團時期，關于禁煙事項，亦主要工作之
一；因案卷移送禁煙總監，編纂困難，故略。

二十一、書中于匪首或匪部之名，多沿用俗稱；如朱
德、毛澤東兩匪，則稱「朱毛」；蕭克、賀
龍兩匪，則稱「蕭賀」；而于朱、毛與徐匪
（向前）合股後，則稱「朱徐」之類。

二十二、本書除重要圖表外，凡條規、辦法……等項，
均載附錄；有時因便于參證起見，則于文中
摘敘大概或全錄原文，而不另載附錄。

二十三、本書概用新式標點符號，以省閱者目力；惟因
校對欠精，間有錯誤之處，未及更正；但期
句讀不差耳。

記者蒲圻賀國光
二十六年七月

第一篇　委員長手令

令賀國光

元靖吾兄：

對於下達命令大意如另紙，請再詳核後速發。

中正　三日

一、桐梓郭部限魚日集中於大漢里、排居場附近，後即向遵義城東北地區進攻。

二、仁懷周部限魚日集中楓香園、鴨溪口一帶，即向遵義城西南地區進攻。

三、吳縱隊仍在茶山渡、烏江鎮一帶，■■■防禦■主力應集結於茶山渡一帶，另派一部在鴨溪口與楓香園附近，與周縱隊切取聯絡，準備對匪潰竄，方不失時機，取直逕堵剿。

令賀國光

賀主任：

第四十七師應全部向桐梓推進，並限本月八日前到達桐梓，其綦江防務由第五十四師派一團兵力前往墊防可也。上官總指揮務於九日以前到達桐梓城。

中正　三月四日

令賀國光

賀主任：

嚴令電話隊官兵，凡接電話聽呼音時，必須即時對呼者復報，例如呼者曰：「接賀主任」，乃轉電話者，於未

轉以前必先對呼者答曰：「接賀主任」，然後再轉電話
於對方。聽話者若轉者復報，如有聽錯，則呼者即可改
正，以免交接錯誤，費時誤事。此手令除令重慶電話隊
官兵之外，並電交通司與通信技術所，以後訓練通信電
話兵，必須一律照此辦法，永以為例，否則必罰其主官
教練不良，督責不嚴，奉令不力之罪。

中正手令　三月八日

令賀國光

賀主任：

廣元壩機場與參謀團直達線電話剋日裝成，不得延誤，
對於重慶西岸過河電話線記號應設法加大加明，以免飛
機危險。

中正　三月十七日

令賀國光

賀主任、姜主任：

昨日手擬圍剿窮寇與截堵殘匪之原則稿件，應一面印刷
分發，一面電令川、滇、黔各軍切實遵行照辦。

中正　廿日

令賀國光

賀主任：

敘府飛機場究竟有否擴充，可擴充至幾多米突，及何時
可以完成，務請甫澄兄力促早日完成，併盼詳復。

中正　三月廿日

令賀國光

賀主任：

川黔路修築經費與其組織有否照前日手令辦理，望再催促實報，本月份十萬圓之路費，准由行營匯來項下撥交該路經費會保管可也。

中正 三月廿日

令賀國光

賀主任：

關於川南與黔東各道防線工事，應由參謀團分路派員前往實地查察指導，而於川、滇、黔邊境尤為重要，如赤水河鎮至敘永與土城至仁懷各段，更須嚴督。所派何人，應報告。

中正 三月廿日

令賀國光

賀主任：

據報第四十七師與五十四師在重慶強佔怡和等棧房堆存麥麵、械彈，並未與人商借。似此軍隊何以革命，望即速查明詳報。

中正 三月廿二日

令賀國光

元靖吾兄：

甫澄兄函請閱後面交，力加催促為要，又摩泥至赤水河鎮一段工事亦應特別注重，竊恐滇軍以主客關係，不肯

負責，應請甫兄亦令潘師長切實負責勿忽，並派專員切
實視察指導。匪如西竄，恐在此際為多也。

中正　廿五日

令賀國光

上午致薛電稿即各部行軍梯次交番躍進等各種剿匪原
則，與致胡宗南對於防堵部隊之縱橫築碉方法等，皆應
摘要，分項通令川中各部隊軍師旅團長切實施行。

中正

令賀國光

元靖吾兄：

重慶至貴陽直達電報、電話線，催交通部限一個月內
完成。

川黔路經費與進行，催甫澄兄切實督促，如期完成。

敘府機場何時可擴充完畢，亦請催促，此為西南剿匪
惟一要務，勿忘。

再者，桐梓如無匪蹤，如裴師不敢北進，可否令蔣在
珍部隊主力由綏陽西移桐梓（須留一部在桐梓），而
令裴師先移綏陽附近，再轉桐梓，則或較易也。何
如？立復。

中正　廿五日

令賀國光

賀主任：

一、此時我軍主要戰略第一在防止朱、徐兩匪會合，第

二在防止殘匪向西康逃竄，故現不必防徐匪東回，而在防徐匪南下，應急令第五與第三路主力，限期向邛崍、懋功、寶興一帶移動，而名山、蘆山、天全、雅安一帶，應急派隊布防壓上徐匪南竄，並希在此地帶聚殲徐、朱兩匪也。以此兩匪必謀在雅安附近會合，故吾人既知其目標與方向所在，應即照此預備，不必另呈。今防隨匪轉移，而須急謀立於主動地位也。

二、殘匪最後不能北竄，必向西竄，故瀘定、康定、雅江之防備尤為緊要，如楊部到達大渡河防地，則現駐清漢第五路之一旅最好仍守清漢，而使劉、楊兩部有餘力可以對康定布防，並切告自乾，屬其在康定、瀘定積極布防，比雅安尤為重要也。

三、請電胡宗南，切屬其在後方各部移至松潘、平武、江油、彰明一帶，及平武至文縣與南坪一帶，而南坪與平武間，尤應密切聯繫控置總預備之主力在此地區。至於其後方天水、廣昭則已派第六、第七、第十二各師來接防務，但不必待接防部隊到達，而其後方各部除留極少數部隊接防外，其餘可即刻向前方移動布置。如果松潘、南坪、平武各置五團預備隊以備出擊兜剿，而將其餘十個團分布於此帶築碉設防，則匪不能北竄，必可被我聚殲也。但北川重要，如攻克後應置重兵設防為據點也。望以此意轉告甫澄兄，並分示自乾、宗南照辦為要。中刻飛筑，約明後日即可回渝相見也。請先照此意速即令行為要。

中正　五月廿一日八時

令賀國光

嚴令各路軍構築碉堡扼守，如有不遵令或陽奉陰違而懶慢貽誤者，及其所守地區而未如令構築碉堡以致失陷者，一經查明，必懲治其當地負責主官與其最高長官以督教不勤，縱匪養寇之罪。

中正手令　五、廿四

令賀國光

一、成都至雅安、雅安至康定間運輸隊站應趕速組織，派員負責，限期完成。

二、中央入黔運輸人員及其部隊趕速移置江油至平武、文縣道路，應令林湘來川負責趕辦。

三、成都——雅安間之公路與直達電報線，應令省府負責限期速成（何日可成？詳報）。

四、電問軍政部現存後方各處之汽車共有幾輛？存甘肅之汽車用油共有幾多？令詳報。

五、由成都直飛越巂、冕甯以南地區派機飛偵，能飛至西昌或元州更好，一面派機到敘州，由敘州向冕甯、越巂、大渡河一帶飛偵，限明日詳報，勿誤。

六、組織川西、西康、青海研究委員會，凡熟悉此三地之情形人員，不論官紳軍民，皆可徵入參加，應先調查與徵求，從速設法進行，限期組織完成。

七、嚴申紀律，畫定各部守備與戰鬥區域，如果放棄尺土，即將其最高主官縱匪論罪，若陽奉陰違，謊報欺妄，或虛報軍情，張大其詞者，照律嚴懲，並明定連坐法，派別動員與督察員實地督察，各部官

長報告必須由督察員同時附署，俾負專責。此各部
督察員應重新組織與分派，並令帶別動隊若干名同
行，為之耳目。

八、別動隊員在戰時各加津貼若干，希核辦呈報。

五、廿四

令賀國光

趕運壹百廿磅炸彈壹千顆、卅五磅炸彈貳千顆、夷燒彈
五百顆，務希提前運到成都，勿誤。

賀主任

中正　五月廿六日

令賀國光

一、成都、重慶各報軍事消息必須由軍事機關發表，方
得登載，否則任意登載，應定罰則。

二、令川、康、甘、陝、青、甯各縣縣長切實辦理保甲
與限期實施堅壁清野計畫，一面由參謀團編印簡單
要旨呈閱候核。

三、由彭山經新津、崇慶、郫縣、新繁、廣漢、德陽、
羅江、綿陽，北至彰明、江油、平武，東至梓橦、
劍閣、昭化、廣元構築碉堡路線。

四、以南充為中心，北經蓬安、南部、閬中、蒼溪至
昭化，西經蓬溪、射洪、三台至綿陽，亦應構築
碉堡線。

五、南、通、巴應劃為一區，特別設法善後築碉，並須
派隊守備。

六、召集川北、川西、川中各縣駐在省城之紳士與之談話，並派往其本縣籌辦堅壁清野與領導剿匪，此應由總部與參謀團先行商訂辦法，再行召集。

七、告川、康、陝、甘民眾自強自治協剿赤匪辦法與勸勉書。

八、電令四川、青海、甘肅、西康四省省府，令其將四省邊區各縣縣長限期調查各該縣之人口與夷情詳報。

令賀國光

賀主任：

朱毛匪部自贛南竄出，至現在大渡河止之經過道路、月日及各軍進剿情形，希即調製路線圖示，並整理史料，限半月內製成草案呈閱，而路線圖示限三日內先行呈閱。

中正

令賀國光

現在應擬各文告起稿候核。

一、安民布告與標語口號。例如蔣委員長已到了成都，親來督剿，百姓就有救法了等等。

二、勸告四川耆紳協助中正剿匪，為桑梓服務，拯救民眾文。

三、勸慰夷民番族協助剿匪標語口號（簡單淺近），最好用番夷文字。

四、整頓軍紀標語口號。

五、通令實施連坐法。

六、明定賞罰條例與重申斬獲之賞項數目。例如謊報不
　　實與懶築碉堡等，皆應重罰。

七、告令剿匪要旨。

中正

令賀國光

賀主任：

一、各軍督察員應即召回，從新分派。

二、各軍師政訓處經費應切實規定，最少限程度、限期
　　呈報其人員，最多至旅部為止，但其工作須輪流作
　　到連上為止。

三、別動隊與各部政訓處與各地團隊訓練員及督察員應
　　切實聯繫打成一片，並規定其聯繫辦法與指揮通報
　　等系統，及各路收集報告所之中心地點。

中正

令賀國光

成都各病院之傷官傷兵應即查明，限星期三日前列表詳
報，以備獎慰。又各路軍後方醫院傷兵亦應限日查明
詳報。

中正　二日

令賀國光

賀主任：

各路軍督察專員召集在省時期，應令其每日會議，研究

其督察員本身缺點與各路軍內容特質弊端，以及以後應
注意改正者，應互相討論交換經驗，再製定各種進行辦
法，力求上進為要，最好會議時由兄自主席詳討，以期
臻完備也。

對於當地物產、給養、地形、交通、道路等皆應有詳
細報告。

中正　二日

令賀國光

賀主任：

川中各路軍師長、旅長以上之官長經過成都時，如其願
來見，准予來見可也。通報各路總指揮知照。

中正　六月二日

令賀國光

賀主任：

進攻茂縣計畫應由參謀團從速製定，並確定其進展日
期、地點與兵力，分令胡、李與空軍實施，並速派督戰
專員前往進剿。

中正　四日

令賀國光

賀主任：

薛路追剿部隊各師已到渝之補充兵及服裝、藥品等，應
由參謀團直接負責主持，將全部車輛、船舶盡量運到雅
安（不分晝夜），集中候發，並代購辦暑季用藥料（中

藥亦可）洋一萬圓，分給於各團應用，亦由參謀團派員
分配送到為要。

中正　四日

令賀國光

一、第廿一軍派得力部隊與李家鈺部協攻茂縣或接替灌
　　縣、汶川防務，而使李部全力進攻茂縣，並限本日
　　決定調動部隊。

二、新津經邛崍至蘆山，與崇慶經大邑至邛崍兩區域應
　　特別注重，趕緊修築碉堡封鎖線與督施堅壁清野之
　　法，應多派得力人員前往各該區負責進行，而以大
　　邑、崇慶、邛崍間之防務尤為重要，應請劉總司令
　　特別注意。

三、由蘇碼頭、秦王寺、經■■寺、龍泉驛至趙家渡至
　　風洞子應修築碉堡線，俾與其間兩河流相啣接。

四、再催鄧總指揮部隊兼程前進，如限集中，而懋功部
　　隊尤應嚴令本月十日前到達，如能限期辦到，准予
　　獎賞，否則必嚴加處分。

以上四條希商決，辦妥後詳告。

中正　五日

令賀國光

賀主任：

一、四川財政委員會之組織與成立日期之確定。

二、川中各軍點驗團之組織條例及實施日期之預定。

三、四川各軍前方進剿與後方整編訓練之辦法、地

點、期限等之規定，令各軍先行自擬進行程序，呈報候核。

四、各路運輸計畫與負責辦理人員之規定。

　　甲、由灌縣至懋功運輸站。

　　乙、由成都至雅安運輸班。

　　丙、由成都經江油至平武運輸站。

以上各項應與總司令部商定切實具體辦法呈報為要。

中正　六月六日

令賀國光

一、第二、第六路如能進攻北川，則令其即日挑選攻擊部隊與茂縣同時攻擊，但其攻擊部隊如何挑選，應由總部負責指定及規定，其攻擊部署計劃呈報候核。

二、如第一條不能辦到，進攻恐無把握，則先抽調第六路十團以上精兵集中什邡、彭縣一帶，候令調遣，一面派員督築第二、第六路前方工事，以一星期為限，待至本月十五日起，即將第六路防地移交第二路，或第六路預留一部，約兩旅兵力協助第二路防守現陣地，而將第六路主力限本月廿日前集結於綿竹候調，此前方增強工事與防禦地區之設備，應由參謀團派員會同總部派遣負責大員切實處理，不得隨便為要。

三、通、南、巴區域至少須增兵三個團，城口亦應派兵一團，皆令其構築碉堡守禦，廿三軍開縣之三團似可移防通、南、巴，而調現駐奉節、雲陽之警備兩

團似可移駐開縣與城口各一團也。

四、參謀團與總部組織查碉組專負碉堡構築之設計、監督與考核之責，並有勒令改正增補之權，對於前方與各地方碉堡內容優劣與構成時期之緩速，應規定責罰條例，由本委員長名義令行可也。

五、本月廿日前須準備二十五團以上兵力，控置於大邑、崇慶、新津、彭山一帶，此時應由總部積極籌備抽調，以免臨時倉皇，勿誤。

中正　六月七日

速辦，照抄一份存處。

令賀國光

賀主任：

劉文輝、楊森、薛岳應即電令其切實聯絡，並規定聯絡之法，對薛岳所發此間密本，代名詞亦應飛送分發。

中正

應先將薛岳所送代名詞分送劉、楊，以資聯絡並簽復。因我編代名詞尚未送到薛岳也。

令賀國光

一、劍閣經重華堰至新道口碉堡線應切實聯接，應派何部構築，希決定呈報。

二、閬中至南部，又南部經蓬安至南充，又南充經蓬溪至遂甯三段碉堡封鎖線應切實聯接，並須特別鞏固，皆應派唐總指揮切實負責督築。

三、第六路部隊自明九日起，應即抽調三旅兵力共九

團集結廣漢、新都之間，限十二日集結完畢，自十二日起再抽三旅，限十四日集結於綿竹，候令調遣，其餘仍駐原防，維持現有陣地。

四、第二路部隊自明九日起抽調六團兵力集結安縣，自十二日再抽三團集中安縣，聽候調遣。

五、郭勳祺部限十一日集中彭山。

六、由彰明經綿陽、羅江、德星、廣漢、新都至成都，又綿陽至三台及桐梓至三台各段碉堡封鎖線，應每段派一負責專員，限期督修完成。

七、對於碉堡之構築式樣、材料與其完成日期之遲速，應規定賞罰條例，即日擬呈候核。

　　　　　　　　　　中正　六月八日

已抄送第一處。

六、八

令賀國光

一、成都以南地區岷江、沱江、涪江、嘉陵江、渠江各江間之碉堡橫的封鎖線，規定三道橫線分期完成，先築第一道線，即眉山、仁壽、簡陽、三台、鹽亭、閬中、巴中乃至南江、寧羌，其第二、第三道由總部研究規定呈核。對於以上各江之縱的碉堡封鎖線，更應兩岸分築，限期完成。

二、由省府嚴令全省各縣、各鄉要地趕築碉堡，其地點與數目由總部與參謀團籌劃決定呈核。

三、全川部署總計畫。

四、財政委會從速成立。

五、籌辦軍官短期訓練班。

六、諾那與格桑名義及其川資，應即日規定派遣為要。

七、各地預備隊應令就地築碉作工，並由總部規定地區
　　與日期。

八、灌縣經水廉溝至懋功與蘆山一帶之部署限期完畢，
　　如何部署呈核。

九、多組織各路檢查碉堡人員，指定各路得力檢查
　　主任。

令賀國光

一、嚴令各軍優待俘虜，對於輸誠來歸者，必照賞項
　　待遇。

二、每星期日將上一星期俘虜與輸誠人名、日期詳報
　　參謀團，並派員送至收容處領賞。

中正　六、十二

令賀國光

賀主任：

憲兵喇叭掛布太大，應即改定尺寸。又其各隊號兵練習
吹號，應集合一地學習，不得另星散在各街亂吹。特務
團、砲兵營皆應如此。

中正

令賀國光

一、問鄧軍長懋功部隊究竟到否？

二、電楊軍長督令所部緊追至懋功，完成使命後再來

會見。

三、憲兵隊無論官兵外出，皆須緊束腰帶與綁腿，不得任意外出，下午六時以後不得在街上與城上遊玩。

四、中央在成、渝、川各砲兵營連與特務團、別動隊皆應照第三條辦理，嚴飭軍風紀。

五、在川各砲兵營及特種部隊官兵，應由參謀團各發鞋兩對、襪兩對，單軍服另發一套（專為外出時著用）。

中正　六、十五

令賀國光

賀主任：

一、雅安至康定應籌設運輸站，每日運輸貳萬人之糧米。

二、查前滇大小金川之役，運糧辦法即由其附近各縣分段負責，逐段運往前方，糧價、運費准由正糧項下動支，以免週折延誤，故得師不絕糧。現在是否可行，應切實查明，並將當地各站之運輸駝馬以及各種器具究有幾何可以應用，亦應詳報。

三、雅安至瀘定、康定公路線，應即令著手測勘，限一個月完成，如能由雅安經天全（而不經榮經、漢源）直達瀘定之道路可以修築更好，希注意。

中正　六月廿二日

令賀國光

一、灌縣至汶川公路。

二、江油至青川、平武公路。

應即派定負責軍隊設計，分段修築，限期完成，希即擬定方案呈核。

中正　六月廿二日

令賀國光

賀主任：

講武堂與陸軍小學北校場營房應連成一氣，派員包工估價（舊材料尚可取用），約需經費幾何，希與總司令部協同辦理，呈報候核為要。

中正　六月廿二日

令賀國光

聞各軍師移防後，其留守處等名目仍在，各處未經撤消，因之各該留守處人員藉名包庇勒索犒詐，魚肉鄉民，較之軍隊為尤甚，應即嚴令其各軍、各師旅所部，凡其軍隊不在該地已經移防之處，其後方一切人員亦應同時遷移，不得用各種名義逗留各地，徒壞其本軍之軍譽。務限本月十五日起將此等辦事處一律取消，並將其軍隊所在地之後方必須之後方辦事處應一律呈報存案，而以成都與重慶二地尤應切實登記整頓，不得任意設立該二城之留守處，應由總部與參謀團憲兵負責調查登記，切實整理，限十五日前將整頓情形一律呈報勿誤。

中正　七月五日

令賀國光

一、各縣縣長公費與司法經費不得再向民間籌派。

七月六日

令賀國光

通令各縣、鄉如有匪匪不報或通匪作惡者，應照匪盜論罪，切令各專員、縣長特別注意。

中正

令賀國光

嚴禁各鄉士紳以築碉為名強捐勒索，應由縣長、專員負責查辦。

中正

令賀國光

賀主任：

一、即命運輸處速將各處輸送隊全部集中在川北，專運松潘與文縣糧米。

二、令川北專員每縣嚴募壯年民伕二百至三百名，共約三千至五千名，由其每縣派一負責人員帶領為運輸川北糧米之用，應先發給其一月薪水，但須有保人，一面準備運兵與工人衣服。

三、赤匪初到之地，一時公買公賣，引誘民眾回家，及至民眾回後，則綁有錢人之票，逼無錢人充當匪兵，及至最後，則以殺人放火姦淫擄掠一無餘爐之毒計獸行，應通電陝甘與川北、川西、川東南各軍

對民眾宣傳與與散發傳單為要。

四、電湖北張主席、河南劉主席，應趁此水災之時，趕緊照行業徵工條例籌備徵工濬河築堤與以工代賑辦法。

中正

令賀國光

元靖吾兄：

頃致宗南一函，希抄錄後，即將原函派機飛送照辦為要。

中正　八、九日

令賀國光

一、分校內設土木工程大隊。

二、各部清剿部隊之皮衣，應即發經費於各部隊，歸其自製。

三、對川北之匪，應照戰略取攻勢、戰術取守勢辦法運用，彭部應由松潘向包座班佑（即由東向西）。

九、廿六

令賀國光

一、南校場與西校場合併建築工程，應即設計，限期完成。

二、成都附近應另覓飛機場總站一處，其面積約千米突轉方。

三、播音電台基場應速選定。

中正　九、廿六

令賀國光

對於守備計畫應改正，自虹橋山（不含）至撫邊（含）之
線，仍須由第廿軍派隊負責守備，自撫邊（不含）經崇
化、綏靖沿大金川，皆由廿四軍派隊負責守備。

中正　九、廿七

令賀國光

賀主任：

對於松、理、懋區進剿部隊之各團，先發足伙食與剿匪
經費兩個月為要。

中正　九月廿八日

令賀國光

賀主任：

楊步飛宥申原電、投誠通信員江賢耀復訊口供之原電，
應通報甘肅、陝西各軍師長以上官長為要。

中正

令賀國光

賀主任：

十月一日上午十時召集劉總司令及各總指揮、軍長來寓
集合，賀主任、晏主任亦同參加。

中正　廿九日

令賀國光

賀主任：

此間對匪之傳單標語與賞項文句，速電張主任、朱主席、各司令就地印發與製寫。

中正　九、卅

令賀國光

賀主任：

交通部無線廣播電台准設在四川大學之煤山舊址，或設於南校場亦可，希即通知速辦。

中正　九、卅

令賀國光

賀主任：

峨嵋軍官團建築木料，應令部拆卸運來成都修蓋軍官分校為要。

中正　九、卅

派蘇工程師去察看運送。

令賀國光

賀主任：

現駐成都之中央憲兵團、特務團及各砲兵營，應編成一個混成團（特務團與憲兵團各改編兩營），步兵教練制式應概改為德國制式，西校場另添建營房兩營，其附近四周之空圍地應即收買擴充為要，可令桂總隊

長在此。

　　　　　　　　　　　　　　　　中正

整頓一星期編配就緒，再去可也。

令賀國光

賀主任：

現在赤匪現將消除，四川各地清鄉善後委員會應即撤消。

　　　　　　　　　　　中正　十月六日

令賀國光

對西竄殘匪之處置：

一、楊軍主力限期佔領，卓克基須跟進至大金川以西地區，至西康區內綽思甲一帶停止候令。

二、鄧軍先佔領阿壩候令。

三、劉自乾軍除留小數部隊約兩團於雅安附近維持後方交通外，其餘全部移駐康北道孚、鑪霍、懷柔、甘孜一帶堵剿，對於裏塘與巴塘，須增兵各兩團，防守堵截，勿使匪向南竄。

四、李抱冰部專防瀘定、康定與雅江一線，其駐丹巴部隊應由劉部派隊接防為要。

五、廿一軍應抽調十五團以上兵力進駐雅安附近。

六、李其相駐岷江部隊應定期移駐西昌各縣，限本月底由王師派隊接其岷江防地，限本月廿日接防完畢，限李部於十一月底集中西昌為要。

　　　　　　　　　　　中正　十、七

令薛岳及所部連長以上官長

薛主任、周總指揮、萬副指揮、吳軍長、陳副軍長、各師旅團營連長：

殘匪西竄是我軍圍剿惟一良機，如再不能剿滅，則再無革命軍人之資格矣，應注意如下：

一、匪以萬人以上三大隊西竄，其氣候、地形與風俗皆非其在匪區時之便利可比，而且彼我正立於相反地位，以匪之不利即皆我之利也，匪行進隊形必照前衛、後衛與本隊及左右側衛，而且其各部相隔距離必須差半日或一日路程，以其糧食缺乏與道途狹隘，故其正面亦必廣也。此乃我軍昔日在江西剿匪之法，而今日匪部不能不用，然而我軍因此失利，甚至有幾次全軍覆沒者，是匪利用天時與地利、人情，以及其別動隊埋伏等不正規之戰術勝我也。

二、此次匪在遵義與我對戰，而我軍反被失利，恐我將士以為匪勢仍盛，以後不可輕用小部隊以對匪部，殊不知此次遵義之役乃匪取攻勢，彼乘擊破黔軍之勢立於主動地位，得其各個擊破之機。而我軍準備未能充分，敵情亦未詳晰，盲然應戰，是立於被動地位，故致失敗。凡於敵軍取攻勢，我軍準備未完之時，必以撤至預備陣地，雖取守勢，亦立於主動地位。故我軍退過烏江南岸，匪乃不敢輕進，是我軍雖退仍非被動可比也。總之，無論進退皆有主動之地位，非必以退為被動也。我軍以後追剿，無論大小部隊之動作皆有充分時間之準備，時時可立於主動與攻勢地位，切勿以遵義失利之故，而喪失我

　　　　將士之勇氣，反忘匪方之弱點、缺點，以致動作遲
　　　　鈍不決，錯過時機也。

三、匪方弱點不止以上所述天地人三者之不利，而其
　　　　子彈缺乏，重兵器毫無，故其決無取攻勢之可能，
　　　　我軍若只認識此一點，即可到處大膽襲攻，以一當
　　　　百，以小勝眾。只要我軍據地形之利，先匪所至，
　　　　準備得法，埋伏得當，則以貴州春天多霧、地勢多
　　　　水，若各級指揮官能明此利，運用有方，匪部雖
　　　　眾，未有不被我殲滅之理。

四、匪部行進隊形已如上述，而且其各部衛，間隔距離
　　　　必大，我軍如能應用得法，則隨時隨地皆可將匪截
　　　　成數段，各個包圍與殲滅也。

五、請兄等以此意明告各級將士，使其各出其智能，激
　　　　勵其勇氣與決心，如何利用霧天與夜間接近匪部埋
　　　　伏襲擊，如何利用河流渡江隱匿藏秘，如土匪從前
　　　　之封鎖消息，以待其大隊進來或渡河時而腰擊之，
　　　　如何使其截成各段，被我各個擊破，以匪方此時
　　　　潰竄退卻，各自逃命之時，其前後彼此必不敢互救
　　　　戀戰，決非如遵義時，彼進取攻勢已得有城池根據
　　　　地，立在主動地位時可比也。

　　總之，軍事必須利用天時氣候，凡昏霧黑夜如能利用，
皆為決勝之良機，必須利用地形山河與敵人隊形及其心
理，而尤在以爭先著，立在主動，然後踐墨隨敵以決戰
事，則無不取勝。惟運用之妙，在乎一心，望我各級將
士努力奮勇，滅此朝食以赴之，則國家民族皆蒙萬世無
窮之福也，希各勉之。

令薛岳、周渾元

薛主任、周總指揮：

據下午飛機報告，匪萬餘人向鴨溪口西南方向移動，察其企圖，不外以下各種：

甲、放棄遵義，仍向西竄，達其原來目的。

乙、先求與我周縱隊決戰，然後再向南對貴陽壓迫。

此時我軍應處置如下：

一、吳縱隊明日仍在烏江南岸暫秘其行動，一俟匪■■■，如匪眾向西竄，則吳縱隊主力用最快行動星夜兼程向黔西西南地區挺進，不得延誤片刻。若匪眾與我周縱隊在楓香園附近接觸或對峙時，我吳縱隊亦用最速方法渡江北岸猛進，尋匪側背圍剿之。

二、周縱隊明日決在長幹山附近集中，並構築強固工事，暫取攻勢防禦。如匪不敢向我進攻，仍在楓香園附近停止，則我軍可逐步前進，先誘其來攻，然後雙方夾擊之，否則匪如向黔西竄去，則周縱隊亦應取最速行動向黔西之西北地區兜剿。

三、周、吳兩縱隊自接此電時，應即多組別動隊，以一排或一連為組，速向黔西之西北與西南地區活動，並沿途埋伏截擊，其沿途各地點應由各縱隊指揮詳細規定，尤應注重夜間行動與夜間襲擊為要。

據報韓師密本並未損失，並聞。

中正歌亥

各用專用密本。

令薛岳

（限即刻到）

薛主任微未電悉：

兄之判斷對本軍孫部以為魚日可到黔西，而對匪情以為其主力在鴨溪場一帶求決戰，此皆主觀太樂之故。如果匪不放棄遵義，則其主力為何要移到鴨溪，而與我吳縱隊進取遵義之便，受我側背夾擊之險。且我孫部究能如計遵命到達黔西否，以不可知之事，而定處置方案與判斷，匪情焉得不失時機。過去我軍著著失機，不能與匪以痛創者，即為此也。

望兄速照前電之意，多用別動隊，以一排、一連、一營為單位，分別用車或星夜徒步向織金與黔西兩方向沿途布置伏兵，以後追剿堵截，再不可照正式集中兵力再攻之法，否則非是剿匪，乃是縱匪也。此項川軍與匪創傷者，亦皆用沿途截擊與伏兵夜襲之法，從未用過一旅以上兵力與匪對戰，故能奏大效。切望我周、吳兩縱隊以後必須多用此法，勿再待集中為要。孫部由瓢兒井直達大定，我吳部主力備向織金推進，而現在應即速多派別動隊不分晝夜急進，勿誤，如何？立復。

中正

電■■專密本。

令薛岳

薛總指揮：

我軍由西昌前進時，各部應照剿匪行軍要領，須櫛次交番前進，例如第一日第一縱隊先由西昌到禮州，次日仍

暫駐原地築碉掩護其第二縱隊，第二日向瀘沽前進。及至第二縱隊到達瀘沽時，則第三日令其暫駐瀘沽築碉掩護第一縱隊或其他縱隊，向冕甯前進。及我冕甯部隊到達目的地之日，再令駐禮州部隊或瀘沽部隊向冕山與越嶲前進。但其在禮州與瀘沽已築碉堡，仍須派後續或指定守備部隊防守，而前進行動時之軍隊，切戒其對本身掩護搜索警戒之部署，勿稍違剿匪手本之原則為要。中決本日飛成都。

中正

令薛岳

（限即到）

薛總指揮：

中刻抵成都，據劉自乾敬亥電稱大樹堡已發現便衣隊一、二百人混在難民中，為我軍防河部隊搜獲，故未得逞，但匪大部尚未發覺也。我軍在德昌應預留一營兵力築碉防守，並徵集糧秣，保護後方輸送為要。

中正
宥侍參蓉

令薛岳

薛總指揮：

匪一部雖於宥日在安慶壩偷渡，然其數僅二、三百人，故其主力今在何處尚未發覺。當匪偷渡時，我所部冕甯鄧旅之一營長夷兵叛變以為嚮導也，今已擊滅。我追擊部隊應先集中於瀘沽與松林一帶，然後派一縱隊先進取

冕甯構築工事，但對於瀘沽東側之■冕方面，亦應切實注意警戒，然後主力向登相營、越巂前進。惟對登相營前進時，應特別注意匪部之設伏，故嚴令各部廣正面之搜索警戒與前後各部隊切實聯繫也。切令各部對夷番特別注意撫慰宣傳。

中正

令薛岳

薛總指揮：

據駐守富林之王旅長報稱，該部南岸大樹堡附近，據土民稱匪已向安慶壩方面竄去，綜合各方報告，殘匪主力沿大渡河右岸向瀘定、康定進竄，乃可證實。望照昨電，以一縱隊進駐冕甯，其餘主力急進，待到達越巂後再定第二期進展部署，並望於魚日前即中越巂為要。

中正

希以此意電告龍總司令。

令薛岳

薛總指揮：

一、殘匪艷午已到瀘定，與我守城劉部激戰中。

二、大樹堡之匪全向瀘定退竄。

三、楊森部正向安順場上游推進中。

四、匪蹤既明，我軍前進不須如前日各電之持重。應令李抱冰縱隊除預留防守冕甯城部隊之外，其餘再向康定急進。

兄率其餘各部經越巂至大樹堡候令，對於德昌、西昌不

必留隊防守，惟在越巂須預留一、二團兵力候令再撤，切盼灰日以前能到達大樹堡集中，何如。

中正世巳手令

令薛岳、李韞珩
（代名詞）

薛主任、李司令官抱冰兄：

匪於冬日以一部由大渡河左岸泥頭驛向富莊（在漢源西卅里）進攻，與我楊森部三兩旅對持中，其主力於本晨向滎經西方卅里之新廟場，亦與我楊部對戰中。據此匪之目標，必由瀘定向雅安竄擾可以判定，而我軍仍須注重於康定、瀘定地區，陳、李縱隊照前定目標，如取進展外，卅六軍到達大樹堡後，尚須暫留於大渡河南岸為要，十三師全部決留駐西昌、冕甯、越巂、登相營、瀘沽、德昌一帶，構築碉堡，肅清散匪，鞏固後方。

中正

令龍雲

龍總司令勛鑒：

殘匪主力艷午已到瀘定附近與我守城部隊對戰中，應令我追剿部隊以李抱冰與劉部併為一縱隊，由冕甯向康定馳進，其餘主力由越巂出大樹堡候令為要。匪既入康，我滇北似無大預慮，可預調一部回滇中，並請即調滇中一、二團兵力到盤江、八屬接楊部之防，俾該部可以集中安仁整備。究派何隊何時接防，請兄與墨三兄直接電

商速派，另盼■悉如何，■念。

中正手啟

令李韞珩

（限即到）

李軍長抱冰兄：

中刻抵成都，兄部已到何處？何日可到西昌？盼復。

中正

宥侍參蓉

令李韞珩

李軍長抱冰兄：

殘匪主力艷午已到瀘定附近與我劉部激戰中，現在匪蹤既明，我軍前進不必持重。兄部到達冕甯時，可預留一團，選其能嚴守紀律撫慰夷番之團營留守，其餘應兼程向康定馳進，並望於魚日前到達康定。本日已到何地，途中困難情況如何，盼電。

中正世巳手令

令李韞珩

李軍長抱冰兄勛鑒：

赤匪內部分裂，毛匪已帶偽一、三兩軍團北竄入甘，而徐、朱兩股會合，希圖先竄康北，再轉康南與西昌、會理一帶，冀圖苟延殘喘。此後瀘康形勢嚴重，而雅江、中渡一帶尤為重要，竊恐友軍對於堅壁清野與軍民合作之道不甚習慣，最好由兄部派兩團兵力駐守雅江與康定

之間，使其不能由黔江直竄冕甯也。未知雅江與康定距離幾何，希詳復。對劉總指揮務須和衷共濟，且必謙讓為懷，時時受其指導，對於其部隊應甘苦與共，以期患難相共，軍紀風紀千萬注重。中定本日赴陝甘巡視，不久仍回川中，現在行營已移重慶，派顧墨三兄為主任，請兄隨時秉承其意旨，施行一切為要。

中正手啟

令吳奇偉、陳芝馨、歐震、梁華盛

第二路軍第一縱隊吳司令官、陳副司令、歐師長、梁師長：

中刻已進駐成都，兄等已到何地？途中給養如何？盼復。

中正

宥侍參蓉

令周渾元、萬耀煌

剿匪第二路軍第二縱隊司令周司令官、萬副司令：

中刻到成都，兄等已到何地？途中給養如何？盼復。

中正

宥侍參蓉

令劉文輝

（限即刻到）

劉總指揮自乾兄：

中刻到成都，未知本日匪情如何，李抱冰司令所部有否

到達西甯，皆盼詳復。如李部到西昌時，最好與劉元璋部臨時編為一縱隊，以李抱冰為司令，元璋為副司令，則我先頭部隊實力較厚且情形熟悉，急進亦以抱冰為縱隊司令官，未知兄與元璋之意如何。如元璋能獨立挺進而以抱冰跟進，互相聯絡策應亦可，惟西昌仍應由元璋預留部隊防守也。

中正

宥侍參蓉

令劉文輝

（急雅安）

劉總指揮自乾兄：

中本日飛西安巡視，對於徐、朱合股圖竄西康，勢所必至，此即殘匪之末路，只要我軍殫精竭慮，必有殲滅成功之道，望兄一面與各友軍切實聯絡，彼此分別堵截與追剿之責任，而兄部此時可全力集結康北，竭盡堵截之責，對於大金川以東地區之追剿，可由子惠與晉康二部任之。現在匪既西竄，廿一軍所部不能不集結一部於雅安附近，以為策應。甫澄對兄實出至誠，請勿再有芥蒂與戒心，中且可以為兄負責也。此時祇望吾兄努力立業，以為黨國建造邊陲千秋之功，況此殲剿殘匪，應利乘便，是天與吾兄成功立業之機，希勉之。對於康北如何堵截與如何堅壁清野與民合作，則全在吾兄之精籌嚴督，而殲滅殘匪之道，亦全在乎我軍民合作與堅壁清野二語之中，望力行之。李抱冰部在康者請兄不必客氣，負責指揮，毋以友軍相視可也。

中正手啟

令胡宗南

（代名詞）

胡師長宗南：

一、鎮坪經楊柳壩、土城子至平武或至水晶堡之橫線可否築碉交通，俾便平武至松潘之運輸。

二、近日匪有向東移動模樣，北川之匪漸增，朱、徐合股後或仍向東向北潰竄也。

三、平武至江油一帶兵力暫勿抽動。

中正

梗未蓉行參戰

令胡宗南

胡師長宗南：

一、弟部在川北各部隊應即規定戰鬥序列及各序列之主官，松潘、文縣、平武、江油皆須各派司令官，松潘派定何人，速復。

二、松潘、木瓜墩、南坪、文縣、平武各部隊皆令其與空軍切實聯絡，使成都可與之直接通信與送物品也。

三、松潘西北之夷番宜使慰勞與教其組織最為重要，例如七布司包座撒路孟董，南至理番界，北至西固、臨潭界，西至西康界，皆應分組派遣，廣為宣傳，並送其所愛涎布與中之照相等物，此種宣傳與送物經費可令松潘部隊實報，但應限定其數月也。

四、松潘、平武需特別堆積糧彈，而松潘尤為重要，
　　並多運存迫擊砲彈為要。但對於夷番糧秣切不可強
　　買，如其願出賣更好，否則切勸其築碉集積，並由
　　我軍派隊代為協助築碉與守護，總勿使其資為匪
　　用，此最切要。現在松潘附近糧米約有幾何，就地
　　易辦否？盼復。最好須存二萬人兩月用之糧數，如
　　就地能辦，可先發款。

中正

令胡宗南

胡師長宗南：

徐匪主力現向汶川壓迫，我松潘與平武部隊，應照函中
之意，第一步向鎮坪進取，勿誤。

中正

令胡宗南

（代名詞）

胡師長宗南：

一、弟本人駐地最好能擇可築飛機場之處。

二、江油與彰明勿必由弟部接防，已令劉總司令轉令許
　　部知照，最好弟部能協助其重兵器、迫擊砲等，攻
　　克觀霧山匪陣，並預定計畫及攻擊時間，用代名詞
　　電告，此間亦可派飛機參勦，集中轟炸也。

三、切令松潘各旅團長輪流分路前往松潘以西以北各
　　地，至少要到七布司包座、阿壩司與北至西固等
　　處，一面對夷番代中宣慰組織，協助其堅壁清野之

法，一面偵察道路、地形、里程與準備糧秫。

四、希與許紹宗部詳商攻克觀霧山後，續攻川北計畫，以北川之匪實只一小部，其主力皆已到民縣西移，希圖與朱毛在理番、懋功合股也。

五、朱毛殘匪實只六千人，現尚在大渡河右岸，正向康定窺竄。

六、令各部隊對偵探動作應特別注重訓練與多方派入匪區內部，並須訓練當地人民任偵探，則可以一當十，如能令夷番受我訓練更好。

中正

令胡宗南

（代名詞）

胡師長宗南陷午、卅戌各電悉：

現應先構築各道碉堡線，完成後再計進攻，此時不必急攻。而且由歸州古城出擊，離目標太遠，運輸給養皆不方便，將來以江油之上下游為調播較宜，現時不如緩圖。各道碉堡線何時可成，盼詳復。

中正

令胡宗南

胡師長宗南：

松潘部隊既佔歸化，應速向疊溪節節進展，但一面進展，須一面逐段築碉，對於兩側尤應注意。故橫線亦應扼要築碉據守，勿而受匪迂迴抄襲，對於向松潘增加後續部隊，最好陸續移增，決再增三團，共加六團為妥，

如弟能前往親自督剿更好。決自魚日起，派空軍每日集
中掩護我軍向疊溪進展，希告進攻部隊協同動作，俾奏
速效。

中正手令

令胡宗南

胡師長宗南：

進攻以前對於平武至松潘與文線至松潘之碉堡封鎖
線，究有照中函所規定者實施否？希實報。又對於七
部司包座、阿壩上中下讓各司，究有分派人員切實進
行宣傳否？此時對松潘西部北部如不續施宣慰，則後
患無窮，以後雖派五萬兵力，恐亦不能收效。此著最
要，應派得力專員負責組織，分向各處宣慰。中對此
事恐弟等與松潘主官皆不能遵行，焦灼異甚，如何進
行，希詳告。

中正

令胡宗南

胡師長宗南：

如果松潘糧食困難，則只用六團兵力前進亦可，先待
到鎮坪前方之靖夷或平定關，即為第一期任務之完
成，然後再依情勢以定進止，惟弟須親往巡視，務期
鞏固碉堡線為要。松潘至鎮坪與平定關、疊溪里程各
若干，詳復。

中正

令胡宗南

（另電朱逸民、王治平）

胡師長宗南：

駱秉章昔日在川之所以能剿除赤匪，全在運用土司編練土兵，其要訣在厚賂土司假作嚮導，誘匪入險，聚而殲之。而其在大渡河俘獲石達開者，亦在授意土司詐降迎石，願作先導，然後包圍就逮也。希運用土司夷民為要。

中正

令胡宗南

（急）

胡師長宗南：

我軍到鎮江關後，暫時停止前進，先增強松潘至鎮江關一線之工事碉堡，而主力仍須集結於松潘城附近，勿誤。

中正寒巳手啟

令胡宗南

胡師長宗南：

熱當壩之西北四十里處有楠木寺，再北有木物藏，此二地為川北入甘要道，如熱當無房舍可駐，則移至納木寺扼要築碉何如？倘班佑已為匪佔，或我軍時間不及往佔，則改佔納木寺亦可。毛兒蓋近日戰況如何？盼復。

中正手啟

寒酉蓉行參戰

令胡宗南

胡師長宗南：

徐匪主力有向北移動模樣，應嚴密布置以待其來攻，而
眾殲之。

中正手令

令胡宗南

胡師長宗南：

松潘部隊如向南肅清散匪，須令其逐段築碉前進，不可
長驅直入，並嚴防徐匪主力向松潘移動，故搜索警戒之
正面須廣，而前進掩護之配備更須切實講求，不可草次
從事，無論正面與縱深，每隔三里必須構築碉堡群一
個，但第一群完成，則掩護後續部隊向前築第二群，三
里築一個碉堡群，至少每一個團每日須要構築縱與橫各
十里之碉堡群，此全在其師旅團營，是事前設計與組織
分配工作之得當也。葉塘以下既受匪瞰制，為何不積極
清剿進佔築碉耶？凡現到川北之各部隊，應照上述辦法
剿匪手本原則逐次築碉向南前進，縮小防區俾得聯成
■■。

中正

令楊森

楊總指揮子惠兄勛鑒：

中到蓉以來，前方戰績以兄部為第一，惟望不以此而自

足，請兄親自進剿，嚴加策勵，如期佔領戀功，澈底完成使命。運輸經費，准予特給，不必顧慮。如何部署，何時前進，盼詳復。

中正手啟

令楊森

（用電話密碼傳達，加賫督戰專員之名）

楊總指揮子惠兄、羅督察專員樹昌勛鑒：

向戀功前進時，部隊應守剿匪之原則如下：

一、每日行軍里程最多以卅里為準。

二、本隊行進道路之左右兩側衛須於前一日各在其卅里以內之範圍搜索警戒，布置完妥後，其本隊至翌日方得前進。

三、前衛之尖兵須在前衛本隊十里外之前方行廣正面之搜索。

四、每日行軍須於上午四時前開始，必須於正午全部集結於其宿營地完畢。

五、每日到達宿營地後，必須先築防禦工事，嚴防匪來夜襲，對於被襲時之各種處置及出擊方向，尤應特別想定，工事未完以前，高級官者以身作率，不得先自休息。

六、沿途前進時須扼要築碉派兵固守，如此一則部隊進退皆有掩護，二則不患匪之抄襲我側背也。

七、前進部隊以旅為單位，各旅間前後之距離以能確實聯絡與互相策應為限。

八、先頭行進部隊必須每日更番輪換，例如第一日第一

旅在先頭，第二旅在中間，第三旅在末尾，則第二
日必須以第二旅、第三旅躍進於第一旅之前頭，而
第一旅當日即在其原地構築碉堡與掩護工事，以次
類推，每日輪隊躍進，乃可萬無一失也。

九、接近目的地愈近，則進行與處置愈須慎重，後方布
置亦愈應嚴密，若離達維或懋功至百里以內尤應嚴
防，其主力之反攻時時須有五日苦戰之準備。

務望照此嚴令遵行，勿致疏失為要。

中正手啟

令楊森

（有線電望與雅安用電話傳達）

楊總指揮子惠兄勛鑒：

由大磽磧進攻懋功，據飛偵計有兩路：

一、東路須經達維約共百五十里，其路甚大。

二、西路直抵懋功約百里，其路較小，

請兄就近熟慮決擇。

惟此後前進與匪部日近一日，故預備隊兵力必須增加糧
秫，亦須預籌充足留於後方，部隊可以抽調增加於前方
者，務須盡量抽增，凡前進各部應嚴戒其疏忽，須令其
嚴守進剿各原則，步步為營，築碉前進，並設法多用別
動式出奇制勝，然總望計出萬全，勿為敵所算也。因
使兄路易於進展，故自本日起，已令各路軍向匪同時進
攻，勿使匪移向懋功。兄部何日前進，盼用有線電詳
復。凡作戰計畫，有關各電應多用有線電報，或用雅安
電話轉達，以免洩漏。

中正手啟
江亥蓉行參戰

令楊森

楊總指揮子惠兄勛鑒：

蒸日以前，兄部應竭全力築成大嶢磧經鹽井坪至寶興一
線，以及其附近左右縱橫各碉堡線，並盡量存積糧秣，
每碉內至少須積五日之鹽、米、柴、水，以備殘匪之反
攻與逆襲，總使各碉堡群守兵皆能獨立作戰。剿匪要訣
萬一被匪圍攻時，祗有決心死守之一法，如一動搖或思
突圍，則必為匪沿途截擊，決無幸生之理也。此次我軍
佔領大磧磧，乃戰略上已得勝利，如慎重出之，則戀功
不患不克，只要穩進穩打，則時日之遲早無關重要，以
我軍全線而論，則弱點尚在兄路，以兵力最少，故恐匪
來攻我弱點，不得不防，望兄將強有力之部隊皆加入於
寶興以北地區，而寶興、鹽井坪、大磧磧各據點皆須構
築堅強之碉堡群，並有各個獨立作戰之準備。如果前方
兵力不足，則第二縱隊周渾元所部現駐名山、雅安、
天全一帶，令築由瀘定經天全、名山一線之碉堡，如
兄欲使用，可以隨時歸兄指揮也，並希隨時與之聯繫
與指示為要。

中正手啟
七月五日八時

令楊森

楊總指揮子惠兄勛鑒：

蒸日以前，兄部應全力築成大磽磧經鹽井至寶興之縱橫碉堡線，並積極運積糧米。碉堡線未固以前即勿前進，餘函詳。

中正

令楊森

（急雅安）

楊總指揮子惠兄：

中定本日飛陝甘巡視，望兄部赶日佔領卓克基，並派最有力部隊跟進至綽思甲停止候命為要。近情盼復。

中正手啟

令朱紹良

（無線電）

甘肅朱主席勛鑒：

青海玉樹防務如何，能否設法增派部隊赴防及預為堅壁清野，與對土民宣傳慰勞之，又天水至瀧縣公路應先著手趕築。中到成都，擬下月中來甘巡視。

中正

宥侍參蓉

令朱紹良

（蘭州無線電）

朱主席：

飛函悉。對於臨洮、岷縣、臨潭、卓泥、夏河、拉卜鄂、和政、三聖廟、臨夏、永登、武威、青海各地先行堅壁清野工作切實施行，並派員負責分期檢閱，必期其切實做到而後已，務望兄於此特別注重，並親出巡閱。只要其以上各地能切實防禦，構築堅強碉堡群與匪作持久戰之準備，各處準備屯積三個月之糧秣為要。此時可派得力人員分往指導，構築工事，待其將築成時，兄再定期前往檢閱指正。對於就地訓練偵探與分派偵探以及其通信聯絡之法，更應使其特別注重，並編印專本使之熟練為要。

中正

令朱紹良

蘭州朱主席勛鑒：

轉青海主席馬師長勛鑒，青海騎兵務多配置於川康邊境，如入鄰境，須令官兵嚴守紀律，則以後鄰省官民對我青軍不僅歡迎，而且愛護備至。赤匪雖狡，即無所施其技倆矣。

中正手啟
宥申

令朱紹良
（代名詞）

蘭州朱總司令勛鑒：

一日航函悉，對於「臨夏與和政、臨洮」一帶之部署可照兄意辦理，但堅壁清野之法尤須注重，先派負責人員分路督教，而重要與川邊相近之處，尤須兄親自巡查勿延。

中正

令邵力子、王均、曾萬鍾
（西安無線電）

（另電朱主席紹良知照。已辦）

邵主席勛鑒：

轉王軍長治平兄、第七師曾師長鼎銘兄勛鑒，未知兄等有否到達西安，甚念。第三軍部隊布防如下：第七師全部集中甘肅定西縣，第十二師派一旅駐隴西與渭源兩縣，其餘一旅進駐天水，由天水分派一團進駐西固縣，並限六月旿日以前各到達目的地布防完畢，勿誤。

中正

令邵力子、周嵒
（急，西安無線電）

邵主席勛鑒：

轉第六師周師長勛鑒，兄部到達西安後，希即向蘭州行進，並限六月旿日前集中蘭州，行軍日程希詳告。

中正手令

奉諭仍照前。■六、卅

令邵力子、楊虎城

西安邵主席並轉楊主任勛鑒：

朱毛殘匪只殘四千人，上周已竄入懋功、理番與徐匪合股，近已逐漸東移。將來殘匪北竄，若不由松潘直竄隴南，則必仍由昭廣或南通巴窺竄漢中東西地區，務望及時將漢水流域之兩岸各縣、各鄉組織民眾，辦理保甲，構築碉堡，多派軍政幹員分區前往實施堅壁清野之法，而以漢中至安康一段之各縣為大要。以匪竄此方向之公算為最多，務請嚴密布置，如何籌辦，希詳復。

中正

敬巳蓉行參戰

令邵力子、朱紹良

西安邵主席、蘭州朱主席勛鑒：

甘南、陝南之各縣文武官吏之治績，當以其地方能否清匪為準則，而清匪又以築碉與組織保甲訓練民眾為基礎。望兄等將各縣應築碉堡線路與其築碉式樣、地點及其應築之數目與完成之日期擬定精確方案，一面分令實施限期完成，一面呈報存案。中將於八月間親飛陝甘前經各地視察，遵辦者重賞，否則以軍法從事，陝北亦應如此也。未完。

中正

一

令邵力子、朱紹良

邵、朱主席勛鑒：

續前。築碉要地，甘則以西固、岷縣、臨潭、臨洮、臨夏、夏河、甯定、靖遠、定西、隴西、天水、平涼、固原，陝則漢水流域自略陽、寧羌、沔縣、褒城、漢中、西鄉、固城、石泉、紫陽、鎮巴、安康、洵陽、平利、嵐皋各縣皆甚重要，而尤以鎮巴、西鄉、紫陽、寧羌、嵐皋、略陽與岷縣、臨潭、臨夏、夏河為最要，務希將最得力與最有辦法之各縣長調往各該處與以專員待遇。凡以上所舉，最要之縣行營可津貼其若干，專為堅壁清野與保甲練團之用，但須切實預算，其款數每縣以二千至三千為度，以三個月為限，先由省府墊發，准在行營補領。

中正

二

令顧祝同

貴州顧主任勛鑒：

中本日飛京，約十日後仍回川，請轉告禮卿兄下轉曾養甫兄，請即赴滇視察，並注重實地調查其滇黔公路有否開工，何時可成，並加督促。詳告赴滇旅費，如不足，在顧主任處支領可也。

中正

令錢大鈞

（有線電）

（限即到）

武昌錢參謀長：

將調四川之重砲團，昨批以一營駐夔府，以一營駐萬縣，茲特改為以一營留駐宜昌，歸俞師長之指揮，其餘一營分駐夔府與萬縣各一連可也。希即照此電為準辦理，如何分配，盼復。

中正手啟
蓉行參戰

令賀國光

元靖吾兄勛鑒：

茲派段參謀面達一切，望即接洽並盼詳復。順頌

近祉

中正手啟 十九日

令劉湘、薛岳

茲規定收復遵義城部署如下：

一、郭指揮勛祺率所部三旅，並指揮現在桐梓之黔軍，限魚日集中于大溪里排居坊附近後，即向遵義城東北地區進攻。

二、周縱隊限魚日集中楓香園、鴨溪口一帶，即向遵義城西南地區進攻。

三、吳縱隊仍在茶山渡至烏江城一帶，取攻勢防禦。其主力應集結茶山渡附近；另派一部向鴨溪口、楓香

園。與周縱隊切取連絡；準備對匪無論竄向何方，
不失時機，取直逕堵剿。

四、遵辦情形，隨時具報！

中正　三月三日

令薛岳、吳奇偉、周渾元

據中判斷匪主力，如未發現其竄向，則尚潛伏于仁懷、
譚廠之四周；與其斷為向毛壩之路西竄，不如斷其在譚
廠東北方面，統竄平壩、大壩，轉向赤水之公算為多。
因如許大匪，通過譚廠西側，向毛壩竄去，決非易事；
而我譚廠部隊，未有不知也。故對于花秋壩、大渡灘、
大壩向赤水道路，尤應注意。我周縱隊主力，必待匪情
明瞭，方可大舉；但有力之搜索隊，派遣愈多愈遠愈
好，夜間尤應特別活動遠探。吳縱隊到達鴨溪附近，即
須搜索前進，不可隨意輕進。但無論周或吳部，如聞有
一個縱隊與匪激戰，則其他之一縱隊，必須不顧一切，
向激戰方面猛進，以期夾擊盡淨，萬勿稍加猶豫！

中正手啟　三月十三日

令薛岳、吳奇偉、周渾元

梧生（吳奇偉字）部到楓香壩後，其主力不得停留片
刻，應即向太平場、井壩道路轉進。如遇匪後衛攔阻，
更應猛力衝擊；並設法繞至其後衛兩側，竭力抄襲。若
照梧生寒酉電稱：「梁師先遣隊到達楓香壩附近，有匪
阻我前進即止。」此乃為我軍之大恥。當此釜底游魂之
匪，若再不乘機聚殲，運其智勇，各盡職責，則何顏再

立于斯世？希嚴令遵行！

中正手令　三月十五日

令薛岳、吳奇偉、周渾元

飛機偵察，我軍已佔領遵義城，刻令吳縱隊兼程向鴨溪急進。我軍既克遵城，匪必向仁懷西北與西南兩路分竄，決不敢逗留於長幹山附近；或其主力已於昨夜以前竄去。此時不但只派別動隊搜索，而且應積極找匪猛攻。一面多派伏兵在仁懷通赤水、敘永、文定各要隘，甚至由仁懷通桐梓、鰼水方面，亦應注意及之。萬勿再使此匪漏竄，徒為友軍輕視冷笑，至囑！

中正手啟　三月十二日

令薛岳、吳奇偉、周渾元

三元壩、毛壩方向，平時有否派搜索部隊活動？如果我主力駐譚廠，而毛壩附近之情況毫不注意，是太不知用兵之道。可知譚廠東北之大壩、三元場附近，亦未有注意。如果剿匪而不知遠方搜索，多方偵察；則非剿匪，而乃被匪所玩弄。

中正　三月十三日

令薛岳、吳奇偉、周渾元

前電諒達。茲決定兄部，除派兩團兵力，留守仁懷城。其餘主力，即由魯班場經毛壩至鄢家渡，及其以西地區，設法渡河，對古藺方面前進，隨時相機側擊匪部。吳縱隊隨兄部跟進。勿再延誤！

中正　三月十六日

令吳奇偉、周渾元

此時我軍，如各方部署略定，只要匪無可竄之途，則可
先求各部聯繫之確實。不但要與黔軍彼此聯絡，以期通
報迅速與確實；即兄等兩部間，亦應注重聯繫確實；不
可徒靠無線電報，凡種種通信手段與符號，皆應從速規
定。楓香壩與譚廠間交通，應速打通；並須構築相當據
點，使匪再不能由此東竄。故此時暫勿謀急攻，而謀堵
截完備，聯繫確實，或待其來攻而夾擊之，亦可。一俟
聯繫完成，再圖積極進攻；但切勿令其漏網。希嚴令各
部，分別負責，毋稍疏虞！

中正手令　三月十五日

令胡宗南

徐匪主力，約尚留于望蒼壩附近；其前日攻儀隴附近
羅部之匪，乃為其一部非主力。弟部向寧羌進展時，
應步步為營，用廣正面搜索，逐次漸進，不可疏忽。
近情盼復！

中正　三月十二日

令胡宗南

宗南師長弟勛鑒：

各路碉堡線，究竟有否封鎖？甚恐中下級幹部，無經
驗，不知重輕，不負責任，隨便草率從事，致僨大局。
古人所謂「一蟻潰堤」，全在主官警心惕勵，處處顧

到，時時嚴防耳。如果第一線碉堡，確能封鎖無弊；則再擇其重要各點，續築第二第三道碉堡群，俾逐漸擴充，延長為第二第三道封鎖線；縱使匪進入我第一封鎖線內，既不能後退，又不能前進，完全殲滅於此三道封鎖線之中。如果築碉修線，果能照此辦理，日夜不懈，繼續進行，則不惟殘匪易於消滅，而且我官兵亦不致費力，是即所謂「平時多出汗，戰時少出血」之要義，端在主將平時之勤勞督率，然後全體官兵，亦能從而興起感化，共同努力；切望吾弟強勉而力行之！

中考察地圖與前史，實覺岷江南源西部之哈清欏即熱瑪沖附近，又兩河口與黃勝關，皆甚重要；而哈清欏尤非派兵固守不可也。其次，為松潘東北之三舍汛，以及其東之水晶棧、木瓜墩各地附近，亦非構築三道碉堡封鎖線，不足以阻匪北竄。如果匪向北竄甘，必不外以上各點，務希特加鞏固為要！又新道口經重華堰之東區至劍閣一段，更為重要，非構成連綴碉堡三道線不可；如匪向東竄，則必由此段突圍，萬望嚴督所部，切實進行，勿稍延誤，是為至要！對於松潘西北夷民之宣慰、組織與聯絡，究有實行生效否？果已做到何種程度，屢函李、丁各旅長遵行，未知其果有照辦否？系念之至！務希勿以此為河漢也。順頌戎祉。

中正手啟　六月八日十一時　成都

令胡宗南

宗南吾弟勛鑒：

近日想已到達松潘，未知沿途碉堡工事，究有遵令實施

否？以後重要部署如左：

一、平夷堡至北川碉堡線，先行修築，限下月十日前，必須完成。

二、匪如由川北向甘南潰竄，不外兩路：

　　甲、由松潘西北，經黃勝關以北地區，向南坪入文縣。

　　乙、由松潘以西地區，經七布、麥雜、阿壩、竹革、包座一帶，以入岷縣或臨潭。

　　故此時對於乙區所述各地點，應設法竭力連絡夷民，多組便衣別動隊，攜帶禮物，前往上述各地（每地約數百人）布置，並教夷民實施堅壁清野之法，而對黃勝關經南坪至文縣道上，必須增加兵力，扼要築碉嚴防，且須築在各隘路要口，而不可僅築在村鎮周圍；若專守村鎮而不守隘路要口，則與扼守堵截之原則全失，而無效矣；希千萬注意！此全在主將諄諄告誡，嚴督勤查，方能實施也。

三、無論何時，松潘附近，至少要集結六團以上兵力，一面備其來攻，一面備其向隴南、文縣或岷縣偷竄時，相機追擊；俾期前後夾擊，殲滅赤匪於川、隴邊境，以成不世之名：務望精心果力熟籌之，以免臨時倉皇為要。

四、平武至南坪，或平武至文縣之橫碉堡線，亦應嚴密趕成，以防匪竄南坪、文縣不成時，轉而南竄平武、水晶、木瓜一帶也。

五、我薛路追擊縱隊，已由金沙江、大渡河集中雅安，擬令其月杪由雅安向綿陽、江油移動，可與弟部連

接會剿；現在該路至少有十五團兵力，即梁華盛、
歐震、周渾元各部是也。

六、朱毛殘匪，實數不足六千人，前日已到懋功，與
徐匪之第九軍已經會合，預料其稍加休息，必向東
北進竄之公算為多，希努力準備。徐匪主力，近亦
由茂縣向理番移動，此不過圖與朱毛合股，其最後
仍必回竄東北一帶，切勿輕忽。而平夷至北川封鎖
線，更應努力完成勿誤。

七、弟如由松潘回平武時，必須先巡查松潘經南坪至文
縣一路碉堡線，詳加指正增強，然後再由文縣至平
武為要。否則弟可暫駐松潘鎮儸，以便將來實施聚
殲殘匪之計也。

八、待薛路開到江油後，則平武以南以東地區之防務，
可交其負責；而弟部祇任平武以西以北地方之任
務。屆時可於南坪與文縣、西固一帶，各增六團以
上兵力，而文縣與西固兩城西南方之隘路口，尤應
特別嚴密布防固守。西固亦甚重要，不可忽略，故
由松潘直達西固之道路地形，應立即派隊詳查與布
置為要。

九、凡匪未到之前，其進竄方向，必先派散匪便衣，
在其沿途村鎮散伏，以備為其臨時接應，與作其嚮
導。此次朱、毛在大渡河、金沙江附近，皆屢有此
事叢生；劉文輝部不過先預防搜索清查，乃一面在
河邊防匪對抗，而其後面山上，為匪預伏部隊所射
擊擾亂。故凡我軍範圍之內，應嚴令其各地軍民長
官，處處清查密偵為要！

中正　六月二十一日正午

令胡宗南

元亥一電悉，劉營長、李連長陣亡，悲哀之至！吳營長傷勢如何？甚念。匪部每連均有專射我官長之射擊手，務令我上下各官長，竭力注意，並不可掛肩帶；凡官長服裝，須與士兵一律，俾得減少目標。又我軍各團、營、連，皆應考選射擊手，每連至少要備五人至十人，亦為專射匪官而設；並由各師、旅、團長，對于射擊手認真考選與獎勵；不論平戰兩時，各團每月必有射擊比賽一次，希照此意通令，嚴令實施！

中正　六月十九日

令胡宗南

各區部隊，每部應令其抽出半數士兵運輸糧食；並由其沿途分段，啣接運輸。凡預備隊更可多抽士兵擔任運輸，每士兵輪流分派，以均勞逸。如能組織得法，當不致困難也。詳計而嚴督力行之！

中正　六月三十日

令胡宗南

有、豔、東各電悉。平武經水晶堡至木瓜墩一段碉堡線，數目太少，應加築第二道碉堡線。又後方各碉堡線，平武通碧口與文縣，以及碧口至昭化之各碉堡線，尤為重要，應嚴令限期完成勿誤，如何實施？盼詳復！

中正　七月七日

令胡宗南

匪必向松潘、樟臘以西地區，再轉東北，經南坪至文縣或西固之公算為最多，應如何堵截、設伏與襲擊之各種手段，希將中屢次手書詳加研究，切實布置運用，不失機宜為要。松潘各部，既已撤回集結，則兵力有餘，足資固守。至補一旅與六十師等，似可令其直達南坪、文縣一帶布防，分段扼要兜剿。

中正　七月十七日

令賀國光

第五路軍接防鎮巴，不易實行，不如速抽陝南部隊防守。對於徐海東匪部，可令伍、王兩部，多撥一團共三團，為追剿部隊，以期先滅徐匪後，再派隊增防鎮巴可也。並電毛維壽、伍師、王旅，先由王旅全部追剿，以伍師抽隊擔任運輸，彼此輪流交換工作。

三月十二日

令賀國光

分電陝、甘、青、寧各軍民長官，及龐軍長更陳，鄂北蕭軍長之楚，希各遵照本委員長所規定各地應築之碉堡線與碉堡群，以及民眾堅壁清野之籌備與訓練，限七月卅日以前，一律完成，聽候行營派員檢查。如何計畫？能否如期完成？希即詳復！

中正手令　六月十八日

令賀國光

應即籌備檢查陝、甘、鄂北、青、寧之碉堡線，組織檢查委員，限下月初旬分路辦理。而以陝南與甘南為最要，故可分為兩組；先往陝南安康、漢中所屬各縣，與甘南岷縣、臨潭、夏河、臨夏、臨洮、天水、隴西等縣；然後再往青、寧與鄂北可也，如何組織？派遣何人及幾人？何時出發？檢閱地點先後之次序，皆須規定詳報！

中正　六月二十日

令何鍵、徐源泉

朱毛殘匪，已經西竄，經仁懷入川南；現黔邊已無匪蹤。以後對湘、鄂、川邊境之匪，圍剿方案，應從新部署；應以沿烏江向西配備各部隊，改負向東兜剿任務。惟酉、秀、黔、彭各處，仍應派得力部隊，扼要據守，以免蕭、賀西竄；務望二兄從速商定，一面電告，一面實施，不必候核。

中正手啟　三月三十日

令龐炳勳

兄部到安康後，病兵多否？精神如何？甚念！布置諒已完妥，對於徐海東股匪，尚望與陝軍切實連繫協剿，以期迅速殲滅，免生後患。並已派四十九師，亦由西向東參剿，請兄對東部嚴防，並由東向西堵剿，免其東竄；一切請與虎城兄和衷共濟，協力進剿為要。又安康至白河一段公路，可否由兄部用兵工設計修築？以為吾人永

久事業。關於石工、橋梁、涵洞、經費，可由中央派員
辦理，如何？盼詳計電復！

中正手啟　三月二十一日

令上官雲相、裴昌會

朱毛殘匪，令由鰼水方向，回竄桐梓、遵城，約計其里
程明日可到桐、遵一帶。兄部現留桐梓兵力幾何？貴部
如何配備？遵義與桐梓城防工事堅固否？並立令桐梓部
隊，如兵力不足，則可閉城固守，以待後援，勿得疏
失。五十三師已到遵城部隊幾團？李軍長抱冰到遵否？
如其已到，則裴師長可歸其指揮，和衷共濟，完成使
命，希即詳復！

中正手令　三月二十二日

令上官雲相

據飛偵報告：「本日桐梓已無我軍，亦無匪蹤，而只見
土人向遵義逃跑。」此種不遵命令，放棄縣城，只圖自
保生命，殊為軍人最大之恥辱。如果以兵單不能兩守，
則盍不放棄松坎而守縣城？不應棄重就輕，乃竟放棄桐
梓，此非怕死而何？中自治兵以來，未有見如此之奇
恥，痛心盍極！限令裴師速於明日恢復桐梓城，並希松
坎亦派部隊前往桐梓，否則照「連坐法」處治不貸！

中正手令　三月二十四日

令李韞珩

朱、毛殘匪，昨又向赤水河東岸回竄，其必以為遵義空

虛，仍來襲擊遵城；約計其里程，明晚或可竄到遵義附近。刻令四十七師仍固守遵義城防，五十三師應從速集結遵城為總預備隊，相機出擊，俾可一網打盡。兄何時到遵城？立復！務望星夜趕到，勿誤。

中正手啟　三月二十二日

令李韞珩

諒兄已抵遵義城。此次朱匪由遵城西竄時，沿途留有落伍兵，假裝工人，為民間賤價作工，以為朱匪再回竄時之嚮導與偵探；如不回竄，則留作赤化之宣傳者。故遵義城內及其附近，亦難免留有此殘匪，以備將來攻城時之內應；務望將城內外民居，清查連保，以防萬一。如匪本日尚未接近遵、桐，則兄處應速派一部，北到海龍里、大溪里、婁山關、李子關；與南到新站一帶，築碉構工布防。其次，再陸續推至東線枚楊、雞猴關、董公寺一帶。並望兄親出嚴督，晝夜輪流換班不息，限於三日至五日內趕成。以上各處，至少各築三個至六個碉堡，互相犄角，乃可使匪無隙可乘。遵義以南，至新站一帶，尤為緊要，特別注意。如何布置？盼詳復！

中正手啟　三月二十三日

令楊虎城

進剿小匪殘匪，應用良兵大兵，不可以其殘小而輕視，以致夜長夢多。此時川北匪部，必不敢北竄，應多抽有力部隊，先於最快時間肅清，俾得以後專意可對川北之匪。而進剿部隊，又須隨地到處築碉，派兵留守後方，

使匪不能任意逸竄；且應築成長圍之法，限制其活動，則可望聚殲。應令王耀武旅，及龐更陳部，皆應抽隊參加堵截進剿。而龐部與王旅進剿時，應派陝西熟悉地形之部隊各一團或若干部隊附之，以為響導與協剿，則事乃有望；否則各以為殘匪，輕而忽之；則將來成大患者，非徐向前，恐為徐海東也；請切實注意詳籌之。對防剿川北部署，可照辦；但左翼應須經鎮巴延伸至四川兩河口為止，且須得力部隊為要。

中正手啟　三月二十四日

令朱紹良

臨潭與夏河及舊洮州三處之防務，最為重要；應與青海馬主席等，切實商定，俾責有攸歸。如其兵力不足，則以其現駐該地之部隊，集結一地；而以其他之兩地，由中央軍派隊接防。軍事為生死關頭，切勿稍有客氣與彼此之分；一俟赤匪剿滅，仍可歸還其防地，切勿因此貽誤全局，希以此意與馬主席開誠切商為要。該三地騎兵能否運用？如能用騎兵，則以中央軍之步兵防守城池，而以青軍之騎兵，在其附近為活動進剿之兵更好。如何？希速決詳復！

中正手啟　六月二十六日

令張學良

應令二十六軍派有力之四個團，推進至荊紫關、八道河、蒿坪河一帶，構築碉堡封鎖線。並令其左與罩川河之四十軍切實聯繫。而令四十軍派有力之一旅，推進至

罩川河、漫川關一帶，構築碉堡封鎖線，左與山陽之
六十七軍切實聯繫。並令劉經扶酌派兩團兵力，在荊紫
關之北側，經西坪鎮至興隆鎮與九十五師聯繫，合成長
圍。由行營同時分路派員，前往各地監察巡視，俾切實
奉行為要。如何？盼復！

中正　六月二十七日

令唐式遵

廣元、昭化、劍閣、梓潼之連接碉堡線，非限期完成不
可。尤以廣元與昭化為最重要，務希親往嚴督；如該兩
處須津貼其材料費用，准由兄開支報銷，並先行墊支，
俾速完成。如何實施？希詳復！

中正手啟　七月七日

第二篇　參謀團之成立

　　中華民國二十三年八月，四川剿匪軍剿川北之徐
向前股匪，失利。匪勢猖獗，由萬源蔓延于通江、南
江、巴中、蒼溪、儀隴等五縣。西有突渡嘉陵江，南
有截斷長江交通之企圖；其安全區莫不震動，尤以政
治或經濟中心之成都、重慶與萬縣三處為甚。十月，
贛閩邊區之朱德、毛澤東股匪，為國軍所破，突圍
于贛南，其目的在西竄四川而盤踞之。此股為匪之幹
部，聲勢大于徐匪；而川軍進剿徐匪經年，既竭全省
之力，猶未收效；對于此股之竄來，無論人力、財力，
皆難兼顧。故形勢極為嚴重！

　　以是，川省內外士紳，紛請中央及國民政府軍事委
員會委員長蔣予以救濟；並在軍事上與政治上雙管齊
下，標本兼治；全國輿論，亦同聲以應之；而四川剿匪
軍總司令劉湘復于十一月二十日躬詣南京，請示機宜，
且整理四川一切而開發之，使成為一健全之省焉。
民元以前，國光曾就學于四川陸軍速成學校；畢業
後，復在其督練公所供職有年，因而略知川中情形。
是時，適任南昌行營第一廳廳長，遂蒙委員長召往，垂
詢其一得之愚。然後決定成立國民政府軍事委員會委員
長行營參謀團，使其進駐四川，處理川、黔兩省軍事及
政治事宜。國光奉命為參謀團主任，汲長綆短，辭未獲
准；遂于十二月二十七日率領全團職員（七十八名）由
南昌啟程矣。

　　二十四年一月七日過宜昌，再行即抵川境，為使人明瞭參謀團進川之使命起見，乃發表書面談話如左：

　　赤匪禍國，業已八年，迭經國軍圍剿，將其主力擊破；邇來分股逃竄，勢成強弩之末；剿匪軍事，已至最後階段。就整個而言，消滅中國赤匪，不成問題，可抱樂觀；但就局部而言，徐匪（向前）盤踞川北；朱毛股匪，圖竄川南；川省形勢，頗趨嚴重。中央為促進剿匪成功起見，不得不側重川局，此行營參謀團之所由設也。

　　參謀團為軍事委員會委員長對四川剿匪作戰上，運籌、指導、督察之特設機關；並負有督促、指導與剿匪攸關之政治設施之責任。川省原有剿匪總司令之設置，參加兵力，約在二十萬人以上，較之赤匪數量大若干倍；徒以彼此散漫，失于聯絡，匪乃利用此弱點，施其各個擊破之手段，致有過去的失敗。現中央為統一事權，集中力量，以便節制指揮起見；仍責成劉總司令負四川剿匪全責。並派本團入川，予以充分協助，明定賞罰，以資策勵。此種贊助，無非使剿匪軍事，進行順利；至對于四川各軍，一視同仁，抱定公平、誠懇態度，毫無彼、此、厚、薄之分。

　　惟吾人有望于劉總司令者，遇事應以國家為前提，解除民眾痛苦，完成剿匪事業，為復興中華民族之偉大人物，不可僅就局部著想。尤有望于四川各軍者，際此剿匪通力合作之時，應當稟承中央意旨，在劉總司令指導之下，精誠團結，協同動作，切不

可心存取巧，互相猜疑觀望，阻擾中央整個剿匪計
畫。須知剿匪始可以救國，安內始足以攘外；國難
當前，我輩軍人均應有此覺悟也。

此次隨同入川各官佐，概係就事實上之需要，由南
昌行營及中央各院、部、會調用，各有底缺；一
俟剿匪軍事結束，仍各回原機關服務，決不在川省
圖軍事、政治、財政上的活動；此為委員長歷來訓
誥，亦為全國同人所自勉，並可告慰全川人士也。

四川據四塞之險，物阜民殷，夙稱天府；民國以
來，經大小三百餘次之內戰，民力垂盡；而秉軍符者，
畫區以守，各自為政，與中央脈絡不通者，近二十年。
中央之有正式機關入川，殆自參謀團始；其所受之使命
既極重大，且為全國所注視；而川中人士期望尤殷，苟
稍涉不慎，即足僨事；影響所至，國是隨之。國光用是
儆懼！更于江行舟中，規定本團官兵守則六項；又以四
川情形特殊，素產雅片，並頒布禁令兩條。

甲、守則：

一、操守務須廉潔，不得有貪汙或需索情事。

二、言語務須謹慎，不得對外妄談軍事政治；對于
　　未發表之公文，及機要文件，尤須嚴守秘密，
　　勿稍洩漏。

三、態度務須謙和，不得盛氣陵人，致招怨尤。

四、行為務須檢點，不得沾染一切不良嗜好，有損
　　全體名譽。

五、處事務須公誠，即係以公制私，以誠制巧。

六、工作務須勤奮，各官兵對于所任職務，應切實

負責，埋頭苦幹，不得有延宕或敷衍情事。

右六項，本團自主任以下全體官兵，共同遵守；如有違犯，一經查覺，定按情節輕重，分別懲罰！

乙、禁令：

一、本團官兵，不得與聞或干涉特稅事務。

二、本團官兵，禁止包庇或私運雅片等毒品。

以上兩條，如有違犯者，即按情節輕重懲處，重者槍斃，輕者監禁；希各凜遵，勿輕嘗試！

同月十二日，本團到達重慶，因匪情緊急，立即開始辦公。迨三月二日委員長蒞臨，地方人心，前敵軍心，一致振起；社會上一切情形，均改舊觀，而勃勃有生氣。國光更稟承有自，凡軍事與政治之計畫，亦均得切合實際，逐次推行；嗣奉令于十月底結束，閱時十月，幸無大過，是則為初料所不及也。

第三篇　剿匪軍事

第一章　進剿徐匪（向前）

一、參謀團入川前之匪我情況

徐匪原盤踞豫南、鄂東、皖西三省交界地區，勢頗猖獗，以經扶、黃安、立煌三縣為其巢穴，而光山、商城、禮山、麻城、羅田、英山、廣濟、霍邱、六安、霍山等十點地方，幾盡淪為匪區。二十一年六月委員長駐節武漢督剿，以政治與軍事並行策進，轉移當時膽怯畏匪之心理；造成嚴正、清明，知恥尚勇之風氣；黨、政、軍、民一致動員，閱時四月始平。

是年九月下旬，徐匪率殘部兩萬餘人，由立煌南竄。十月初，經英山以北，竄至羅田以南，轉向西竄；經團陂、新洲等鎮，又北竄禮山。旋由廣水、楊家寨兩站間，越平漢鐵路而西，經應山、隨縣、棗陽入豫；復經鄧縣、淅川入鄂；再經均、鄖以北，荊紫關以南，西竄入陝。十月二十日以後，磨竄于鄂、陝邊區；十一月中旬，在長安、鄠縣以南，由山地出大、小峪口，竄至平原，利于追剿而不利于逃竄。該匪遂于十一月下旬，在盩厔以南，復由新口子、西駱峪口竄入山中；展轉于十二月，乘四川之內亂，越大巴山入據南江。沿途迭經追堵各軍予以痛擊，受創極鉅，殘餘之眾，確已不過四千矣。

　　川北各縣，為第二十九軍軍長田頌堯之防區，徐匪據南江時，適其與第二十四軍軍長劉文輝戰于成都，防務空虛，在二十二年一月以前，通江、巴中、廣元三縣，相繼均為匪陷。是年二月初，田頌堯奉中央命，就任川陝邊區剿匪督辦，分兩路進剿，一由其本人指揮出關中，一由孫震指揮出劍閣；四月以前，將以上四縣先後收復，並驅匪于通江上游苦草壩北之深山老林中；是時匪之實力尚未見增也。會第二十八軍軍長鄧錫侯又與劉文輝戰于成都，鄧軍勢弱，田回師助之，六月十三日在柳林溪遇匪伏兵，其第四師幾盡覆沒。由是匪燄頑張，前克四縣再陷；而蒼溪、儀隴、關中、南部、蓬安、渠縣、營山、萬源、城口、宣漢、達縣等十一縣，僅關、南、蓬三縣城未陷；而其縣城迤東地方，及其餘八縣，均于十二月以前，相繼為匪所據矣。

　　是年十月十日，第二十一軍軍長劉湘奉中央命命就任四川剿匪軍總司令職于成都；即分六路進剿，以鄧錫侯兼任第一路總指揮；田頌堯兼任第二路總指揮；新編第六師師長李家鈺兼任第三路總指揮；第二十軍軍長楊森兼任第四路總指揮；所部師長王陵基兼任第五路總指揮，次年三月王去，又任所部師長唐式遵繼之；第六路總指揮先為第二十三軍軍長劉存厚，因達縣為其軍部所在，達縣陷後，以劉邦俊代之。迨二十三年八月中旬，其前敵指揮汪鑄龍不戰而失青龍觀，所有兵力不足以當一路，乃附于第五路焉。

　　劉湘就任總司令後，在二十三年一月以前，先後收復關中、南部、蓬安三縣城外地方，及渠、達、宣漢、

營山、儀隴、蒼溪、廣元等七縣。三月中旬克巴中、萬
源。四月上旬克南江。五月上旬萬源復陷，下旬以所部
師長潘文華為剿匪總預備軍總指揮。六月下旬克通江。
七月上旬克城口。至是，匪陷川北十五縣已平其十四；
所未下者，僅萬源一縣耳。然匪實全師退集萬源，故在
八月中旬以前，迭以全力反攻第五路。及第六路失守青
龍觀，牽動全線；致通江、南江、巴中三次失陷，匪燄
再張；劉湘乃于八月二十三日，電中央及委員長呈請辭
職，其詞如左：

> 奉命剿赤。十閱月矣；仰托中央德威，北道失陷諸
> 邑，以次收復；匪徒窮處萬源，已到最後掙扎時
> 期。徒以軍實缺乏，各路步調不齊，致令九仞之
> 功，虧此一簣。我五路孤軍奮進，迭次冒死強襲，
> 損折殊鉅；目前擇險扼制，諒無他虞。但今後如
> 何維繫，則有難乎為繼者；蓋川省民力已盡，羅
> 掘俱窮，原籌四百萬剿赤軍費，早已用罄，額外挪
> 墊之款，已達一千五百餘萬，無法彌補。而戰事尚
> 須延長，地方既搜括盡淨，中央則挹注無由；腹桴
> 械窳，唯有坐待崩潰而已。湘素愚戇，不尚浮囂；
> 倘有迴翔餘地，罔不委曲求全。一年以來，絞腦嘔
> 血，心力交瘁，匪特無補時艱，而局外浮言，反以
> 不肖之心相度；一隅如此，全局可知，竊料鈞座主
> 持大計，其困難必有百倍於湘者，此湘之所以欲言
> 輒止，而不敢冒昧直陳者也。然情勢至此，何可終
> 默？川雖僻遠，關係全局綦重，棉力既盡，來日大
> 難，應請中央解除湘本兼各職，迅簡賢員接替，以

策成功。從本日起，所有剿匪總司令、善後督辦、二十一軍軍長各項職務，分別交由參謀長代行；立候處理，迫切陳詞，伏維鑒察！

當時，劉湘去留，與四川剿匪關係甚大；經各方懇切慰留，暫居重慶，在野之身，支持危局。于九月十日赴萬縣轉開江，視察第五路前線，至二十六日始返。時委員長駐節盧山，于九月十八日電諭劉湘及川軍各路總指揮曰：

近日川中情況，自五、六路挫敗後，一、二、三、四各路，又復節節後退。南江、巴中相繼淪陷；巴河險要，亦竟放棄。三路既遭失敗，二路踵受創傷，遂便蒼溪、關中、儀隴、營山、蓬安等處，均覺岌岌可危；此實各路互相猜疑，彼此坐視不救之必然結果。各個擊破，前言悉驗，惟有痛心！蓋兄等雖各矢言開誠協力，然從未聲明某路被攻，某路赴援策應，或乘間實行夾擊者，各不相謀，事實昭然；故雖為六路會師，實則皆各自為戰。加以各路自身貪存，勉強周旋；有相提自保之意，絕無背水背城，硬紮硬打之決心；往往稍一交綏，輒圖引退。基上兩因，致匪深知進無苦戰，後無顧慮，盡可肆意突擊，放手窮追；故各路不敗則已，敗則損失奇重。匪勢披猖至此，兄等痛定思痛，寧不憬然自生悔悟乎！？

今一、二、三、四各路陣線，已逼近嘉陵江岸，則全川存亡，及諸軍生死最後之關鍵，實已臨頭，再不死拼，唯有坐待滅亡。茲規定一路扼守長池，

二、三兩路扼守恩陽河兩岸之線以保儀隴；楊軍固守佛樓寺、三溪口，左連鼎山之線，以固營、渠；藉以穩固陣地，速圖整理；務盼兄等恪切遵行。如電到時，對于上列規定各要點之陣線，已有轉移逾越者，應即趕緊力圖恢復，嗣後拼命死守。倘仍不努力奪回規定陣線，或再任意放棄，或不相策應援救者，不問原因如何？中央定予嚴懲。甫澄兄尤應赳日復職，主持一切；要知今日，不特責無可避，尤已退無可退。更須知匪如狂犬，畏之而走，則猙獰追噬，終為所傷；若返身直撞，迎頭擊之，則雖凶猛，亦必駭竄。今匪區愈廣，陣線愈長，空隙愈多；非各路上下官兵用心力撐，視人猶己，痛癢相救，則更難防範。生死存亡，爭于呼吸，惟兄等懲前警後，深自猛省焉！

惟各路陣線後退，關于委員長規定之陣線，已不及扼守；而蒼溪儀隴旋亦再陷。劉湘遂遵令于十月二十二日復職。並于十一月二十日躬抵南京，請中央及委員長指示機宜。而各路亦與匪對峙于由廣元經昭化沿嘉陵江西岸，至南部、新政壩、達縣、宣漢至城口之線矣。

二、參謀團入川後進剿之經過

甲、徐匪竄渡嘉陵江以前

徐匪于二十二年六月擊破田頌堯所部後，自稱為偽中國工農紅軍西北軍之總指揮，加緊川北匪化，逐漸擴充實力；遂至轄有偽第四、第九、第二十五、第三十、

第三十一、第三十三等六軍，共五十四團，約四萬餘
人，有槍約三萬枝；較其初竄入川時，不滿一年，已增
至十倍以上。其盤踞川北，在二十三年九月二十二日，
最後占領儀隴以前，所占地方為通江、南江、巴中、萬
源、蒼溪等五縣，合儀隴共為六縣；後似未再擴大。

　二十四年一月十二日，參謀團到重慶時之我軍部署：

子、陝南方面

1. 獨立第一旅三團。布防寧羌、沔縣一帶。

2. 第十七師師長孫蔚如，其第四十九旅及補充
   旅各三團，駐南鄭、褒城一帶，並向牟家壩布
   防，師部駐南鄭。

3. 陝西警備第二旅三團，駐防城固、洋縣，及上
   元觀一帶，旅部駐城固。

4. 第十七師第五十一旅三團，附陝西警備第一旅
   之一團，布防西鄉、鎮巴一帶，並派一部分防
   石泉、漢陰兩縣。

5. 陝西警備第一旅兩團，附警備第二旅之一團，分
   防安康、紫陽、平利、洵陽等縣，旅部駐安康。

　以上共計兵力十九個團。

丑、川北方面

1. 第一路鄧錫侯部，共計兵力三十七個團；布防自
   廣元經昭化、射箭河至江口之線；及劍閣、梓
   潼、思衣場一帶；總指揮部駐綿陽。

2. 第二路田頌堯部，共計兵力三十五個團；布防江
   口以下，自虎跳駟經青牛廟、樓門灘、小站河、
   迴水壩、蒼溪城附近，及閬中、雙龍場、河溪

關、南部、盤龍馹至新政壩之線；與定水寺、大橋一帶；總指揮部駐三台。

3. 第三路李家鈺部；及新編第二十三師師長兼副總指揮羅澤洲部；共計兵力二十個團一特務大隊。羅部布防岐山壩、東觀場、鳳儀場、賽金場、五福寨之線；李部布防新寺、龍鳳場、附義寨、天池場之線；總指揮部駐迴龍場。

4. 第四路楊森部，共計兵力十二個團；布防天池場、三元場、柏林場、悅來場之線；及消水河、營山、蓬安一帶；總指揮部駐營山。

5. 第五路唐式遵部兵力，計第二十一軍之七十三個團，機砲、機關槍、砲兵各兩營，飛機三架；及第六路併同作戰之六個團；布防自悅來場南之三匯鎮起，經羅江口、黃金場、廠溪場、官渡場至城口之線；總指揮部駐南壩場。

以上四川剿匪各路兵力，總共一百八十三個團。

此外，第一師師長胡宗南，所部主力原駐甘南及皋蘭；一部分駐文縣、碧口、姚家渡、三磊壩一帶，構築碉堡，加緊防務。二十三年十二月十五日，委員長以劉湘及川中內外士紳，迭請中央派兵入川，乃令胡宗南派隊接替廣元、昭化之防。由是其獨立旅進駐廣、昭；第一旅第一團，及西北補充旅之一團，進駐三磊壩、羊模壩一帶，以固廣元側背；統歸獨立旅旅長丁德隆指揮。所有廣、昭之防，越年一月十八日，始行接替完竣。（附圖一）

　　同月十日，朱毛股匪，竄陷桐梓，並占松坎，有進
犯綦江模樣；徐匪即與其互相呼應，一面乘我第一師初
到，進攻廣、昭；一面在蒼、蘭之間，搶渡嘉陵江。除
堵剿朱毛部署，述于次章外。關于進剿徐匪者，先于
十六日，嚴令川軍各路，趕行增築堅固工事，嚴密防
守；倘有疏忽，或不努力，被匪衝破，定照江西剿匪
迭例，按軍法從事。又于二十五日，重新規定各路之
防界任務如左：

一、由昭化城南起，沿嘉陵江至新政壩含止，歸鄧錫
　　侯、田頌堯兩部，負責防守。對于新政壩方面，特
　　須注意；並掃除當面之匪。

二、新政壩至鳳儀場含間陣地，歸羅澤洲負責防守。自
　　青崖砦經景家院、梅子埡至新政壩空隙。著星夜派
　　隊填守；並協助田軍，拒止新政壩方面之匪。

三、悅來場含至消水河間空隙，著由楊森迅速派隊
　　填守。

四、李家鈺應以一旅進駐鮮店子，策應新政壩方面。

五、鄧錫侯應飭接防部隊，向新政壩急進。

六、唐式遵仍從悅來場起，至城口止，就原有陣地，負
　　責防守。

　　是時徐匪主力，業已西移；偽三十一軍由朝天駅突
過嘉陵江，二十四日已到羊模壩及車家壩；與我胡宗南
部激戰。是夜，偽三十軍突過嘉陵江，占據河壤場，斷
絕廣、昭交通，而圍攻之。二十六日，匪先頭已到保寧
院；偽四軍又由元壩子、大石板攻廣元城；並在昭化對
岸龍灘場一帶搶渡。而連日各匪軍，又在蒼、閬方面，

不斷侵襲，企圖突渡；遂以拒止該匪西竄，並相機消滅其實力之目的，于二十六日，頒布分別堵截，進剿命令如左：

一、胡宗南應飭所部堅守廣、昭兩城，自電到之日起，至少須堅守十日。一面速調陽平關部隊，兼程南下應援，期與廣、昭方面川軍夾擊竄匪。在隴南兩部隊，須對川境扼要警戒，防匪北竄。

二、川軍第一、二兩路，應堅守自昭化以南，至新政壩之原有陣地。第一路由江口方面，抽調兩團以上兵力；及在劍、閣兩團，即日開赴劍門關；會同堵截保寧院方面西竄之匪。該路楊師長秀春，率領思衣場方面集結之五團，限卅日開到劍門關；指揮原在該處部隊，共九團以上兵力，立即協同胡師，向匪攻剿，恢復廣、昭江防。

第一路應趕速集結十團兵力綿陽；第二路應速集結十團于三台。著鄧錫侯駐綿陽，指揮一、二兩路。

三、川軍第三、四、五路，應各抽編一有力縱隊，限于本月卅日，開始出擊。第三路向儀隴進剿。第四路向茶壩場進剿。第五路向巴中進剿；另以一部向達、宣出擊。

以上各路，仍以相當部隊連合民團，固守原陣地。其進剿部隊，應沿途構築工事，防匪反噬。

四、第一路在南部之三團，即日移向蒼、閬方面策應。

五、陝軍寧羌部隊，應協同胡師，迅速向南側擊竄匪。

受命各部，分別攻守，均極奮勇。進犯我廣元河西陣地之匪，被胡宗南部于二十九日，擊斃二千以

上，並獲槍一千六百餘枝，迫砲十餘門；是為徐匪竄川以後，未有之慘敗。

二月一日，川軍第一路克河灣場，廣、昭交通因而恢復，其圍亦解。三日，第四路克立山場；第五路克萬源。四日，第一路克車家壩。五日，第三路克儀隴。六日，第一路克羊模壩；第四路克茶壩場。第五路又于八日克巴中，九日克通江。二十一日，第二路克蒼溪。至是，匪陷川北六縣，收復其五；未復者，僅南江一縣耳。

此次，徐匪突渡嘉陵江，在廣、昭方面，既為我軍所破；在蒼、闐方面，又為我軍擊退。而我軍守者，轉取攻勢；攻者，乘勝猛進；凡收復一縣鎮，均經激戰，予匪重創。匪遂由廣元及南江，分向北竄，進擾陝南；二月四日，陷寧羌，並占陽平關；九日，陷沔縣，並圍攻襃城，犯及南鄭。于是，一面令胡宗南、孫蔚如，分別堵擊；一面令川軍各路，鞏固新陣線，防匪反噬，且以碉堡為剿匪唯一利器，在贛、閩已著成效，先于一月二十八日，通令川軍各部，無論前方後方，均須一律構築。二月三日，又規定進剿、守備各軍，應特別注意事項，令劉湘轉飭各部遵行！如左：

甲、關于進剿軍者：

一、無論何時何地，均應顧慮本軍前後及兩側之警戒，防匪截擊或繞擊。

二、我軍前進，均應于當天提早出發，務于當日午後二時以前，到達宿營；以便嚴密布置，

而防意外。

三、無論宿營或停止休息，均應隨時構築野戰陣
　　地，妥慎警戒。

四、逐段前進，應隨軍隊進展，同時完成電話、
　　碉堡、公路，以穩腳步，而利交通。

五、收復縣城市鎮，應對匪特別警戒。為防匪之
　　反噬，尤須控置大部于城鎮外適當地點，以
　　俾之用；僅以少數部隊，進入搜索及護衛；
　　不可將全部兵力，均入駐城鎮內。

六、前進時，應隨帶黨政人員跟進，對于收復地
　　之民眾，妥為撫慰，及安置善後；並注意搜
　　索情況，以資參考。

乙、關于守備軍者：

一、分段構築碉堡封鎖線；各碉之密度，以兩碉
　　間火力目力，均能交叉相及為限。可扼要構
　　築母碉，或連數個碉堡而成一碉堡群；兩母
　　碉中間，加築子碉，連點成線。最忌用一線
　　式之工事，以防衝破一點，全線動搖之弊。

二、節約碉堡守兵，集結有力預備隊，控置策應。

三、碉堡守兵，應逐日在封鎖線外遊擊活動。遇
　　小股匪，設法生擒或擊滅；遇大股匪，應避真
　　戰，但須設法遲滯其行動；非萬不得已，不可
　　駐碉呆守。

四、嚴禁民眾進出封鎖線，以封鎖消息。

五、防守河川時，尤須注意船隻；須集靠我岸，
　　防匪利用。

六、封鎖線後方各地，應責成各縣黨政人員，趕
　　速組織民眾，整頓團隊，練習守碉、瞭望諸
　　事；以備軍隊推進時，接守封鎖線之用。

　　九日，令劉湘、胡宗南，以陸空協同作戰，收效甚
鉅。前在贛、閩剿匪，多賴空軍搜索匪情，掩護陸軍推
進，轟炸偽工事，擾亂其後方。每當匪我交戰，飛機一
到，匪即不戰而退，我軍得以節節勝利。現川北股匪，
為我軍乘勝聚殲之良機，陸空各軍，應加倍努力協同搜
剿；其在廣元、兩江以北，及竄擾寧羌之匪，由胡宗南
派機負責偵炸。在廣元、南江以南，蒼、閬以東，通、
巴、苦草壩等重要匪區，由劉湘派機負責偵炸。陸空各
軍，隨時隨地，切實連絡，以免誤會。十三日以匪係由
廣元及南江北竄陝南，命鄧錫侯為川北第一進剿軍總指
揮，率所部由朝天馹、菜子壩之線，向寧羌、陽平關之
線進剿。唐式遵為川北第二進剿軍總指揮，由第五路軍
內，抽編二十至三十個團之兵力，由巴中進犯南江，向
寧羌以東地區進剿；並先派一部，由通江向南江挺進偵
察。所有第五路守備部隊，由劉湘另行派員指揮。十七
日孫蔚如部克服沔縣，褒城圍解，南鄭亦平。

　　十八日，任朱紹良圍剿匪軍第三路總指揮，楊虎城
副之。專剿陝匪及川、陝邊區之匪。所部係兩縱隊，除
第一縱隊司令官由楊虎城兼任外。以第一師師長胡宗南
兼任第二縱隊司令官，另轄：第四十九師——師長伍誠
仁，第六十師——師長陳沛，第六十一師——師長楊步
飛，補充第一旅——旅長王耀武，第二師補充旅——旅
長鍾松。

　　三月二日委員長蒞臨重慶。四日，為防匪回竄，先求穩紮起見；令川軍，除第一路追剿軍，仍協同陝、甘部隊，續攻寧羌外。所有二、三、四、五各路軍，一律停止向前攻擊，務將現到之新陣線，竭力增築碉堡工事；並與左右翼友軍，實地偵察，確實聯防，力求鞏固。更規定防界，于五日以命令下達，如左：

一、蒼溪西北迴水壩上游，亙廣元迤北江防照舊。

二、西起迴水壩，經槐樹駰、紅山廟、鶴山梁不含之線，歸第二路負責。

三、自鶴山梁含，經獅子坪、鶴峰寺至鎮埡廟不含之線，歸為第三路負責。但千佛岩含以東歸李部，以西歸羅部。

四、自鎮埡廟含，經來龍場、柳林鋪至思陽河含之線，歸第四路負責。

五、自思陽河不含，經石門寺、中興場、石門子、草池壩、涪陽壩、板橋口、平溪壩，東向梓潼廟、兩河口延伸至陝西之西鄉街、八步石，至鎮巴縣城止，歸第五路負責；並即日抽調一旅，至鎮巴接替陝軍防務，但第五路本陣地帶前方，右翼自沙咀起，經七星山、仁和場，左翼至兩河口止，須構築前進陣地。

六、孫蔚如部，原駐鎮巴之部隊，交替鎮巴防務後，應協同西鄉駐軍，負責于西鄉縣城至鎮巴不含之線，連接川軍第五路陣地之左翼，構築碉堡工事，形成堅固陣地帶，派兵守備，防匪東竄。

　　以上新陣線，既經規定；嗣後無論何部，倘被匪突破防線，向後撤退者，即按軍法從事，決不稍寬。縱使

左右友軍後退，亦不得引以為詞，仍須死守本部陣地，
以待高級司令官之處置。倘能出兵攻擊，代友軍恢復陣
地者，更有殊賞。（附圖二）

徐匪北竄陝南，據俘匪供其計畫，為第一步赤化
寧、沔；第二步，一面以散匪擾亂漢江沿岸，牽制我
軍，一面以精銳侵犯襃城，打斷鳳縣與漢中交通；第三
步，以主力進取漢中，卒因我軍防堵嚴密不逞。

三月初，徐匪以不逞于陝南，又回竄川北；一股由
南江進犯儀隴、蒼溪；蓋蒼溪東北之旺蒼壩一帶，原有
其殘部也。一股由寧羌進犯廣元，因于七日令胡宗南負
責專攻寧羌，由鄧錫侯負責鞏固陽平關、朝天驛、廣
元江防，未逞。二十八日，胡部李旅攻克寧羌。至犯儀
隴之匪，羅澤洲部首當其衝，五、六兩日，苦戰失利；
七日，匪陷鳳儀場；但因李家鈺、楊森兩部，固守其右
翼；李部復扼守儀隴城、日興場等處，七日至二十七
日，迭次激戰，卒將匪擊退。惟匪一面圍攻儀隴，一面
于九日攻陷蒼溪。守蒼溪者，原為田頌堯部，蒼溪陷
後，復未嚴防；致由南江來犯之匪，于二十八、九兩
日，由蒼、閬間，及蒼溪上游，陸續竄過嘉陵江；並即
分一股，經福興場北犯劍閣。雖于三十日，令田頌堯督
部恢復原有江防，阻止後續竄渡之匪，亦未奏效；且自
關中至昭化以南張王廟之江防，全被擊破；由寧羌來犯
之匪，亦星夜下移渡江。三十一日，劍閣、關中均告失
陷，我軍南北之連絡，遂被截斷，因令第五路第一縱隊

司令王纘緒，率所部由賽金場、復興場轉至新政壩對岸，集結待命。

乙、徐匪竄渡嘉陵江以後

四月二日，南部復陷。時委員長駐節貴陽，督剿朱毛股匪；得報後，以嘉陵江向稱天險，蒼、閬、南一帶，原為第二十九軍防地，此次該部始則防守不嚴，繼則作戰不力，乃下令將田頌堯撤職查辦；其副軍長孫震，輔助不力，記大過一次，暫率第二十九軍戴罪圖功；綱紀因而一肅。三日，以拒止該匪于涪江以東，期于狹小地區內殲滅之之目的，命令各軍分頭進剿與堵截，其部署摘要如左：

一、鄧錫侯指揮所部第一路軍，及第二路軍在北道之部隊；先應固守廣元、河灣場、昭化、保寧院、白田壩、保寧山、下寺場沿河之線；及其後方河灣場、走馬嶺、鄧家渡、保寧院第二線。其廣元上游原來陣地，並應照舊堅守，以待胡縱隊接防，集結兵力，回攻劍閣。其餘部隊，應將主力集結于綿陽附近，相機出擊；並死守江油、梓潼、綿陽各城。

二、第二路軍在南方部隊，應將主力收集于三台附近，死守三台、鹽亭、射洪各城。

三、楊森所部第四路軍，在南充、西充附近之部隊，連合民團，死守西充、南充兩城。

四、劉湘迅速抽調五旅兵力，集中于合川、遂寧一帶，王纘緒所部三旅，即向南部以南地區集中後，相機規復南部；一面由第五路增調兩旅，並在合、遂集

中之五個旅，統歸該司令指揮，相機進剿。

五、胡宗南以一部堅守寧羌，以主力接守廣、昭一帶
　　第一、第二兩路防地。另派有力部隊，星夜進駐青
　　川、平武固守；並南與江油部隊連絡。

六、第五路軍，應一面固守原陣地，一面以一部由通
　　江向南江；以主力由巴中，向旺蒼壩方面進剿。

七、第三路軍，一面固守原陣地，一面以一部由儀隴試
　　向老鸛場方向，搜索挺進。

八、第四路軍，一面固守原陣地，一面以一部由磨子場
　　試向龍山場方向，搜索挺進。（附圖三）

　　四日，王纘緒部收復南部；七日，任王為四川剿匪
軍第六路總指揮；十五日，該路以一旅向柳邊駰，一旅
向大橋，一旅向萬年埡，兩旅向南津關、大風鋪，各處
之匪進攻；遂於十六日又收復關中。他如：第三路于八
日克觀紫場；第四路于七日克花叢場；第五路于八日克
南江、長池，十四日克旺蒼壩，十六日克陳幹坁、龍山
場，十七日克扁兒灣，二十一日克蒼溪。至此，嘉陵江
東岸平，而剿匪重心，轉移于其西矣。

　　惟竄過嘉陵江之匪一部，于二日繞攻昭化以西之大
水樹，我第一、二兩路北道部隊之後路，被其遮斷，而
抽調之部隊，又增援不及；遂于三日放棄昭化，扼守廣
元、白河之線。由是昭、劍之匪，向西急竄，于十日
一面進犯梓潼、魏城等處；一面圍攻江油，而于其上下
游搶渡涪江；防守以上三處者，各有一旅，均屬第一路
軍。十二日，江油後山陣地，被匪突破，守城部隊，只

餘一團，由旅長楊曬軒督率抗戰。當匪由昭、劍西竄時，並有一部北竄，先我胡宗南部于十日占據青川，更乘虛于十四日進陷平武。十六日，鄧錫侯指揮第一、二兩路軍十個團，由中壩附近，分向茶店子、官渡、江油等處攻擊前進，十七日午前，進展尚順；午後，因匪反攻失利；十八日，放棄中壩，梓潼于同日失守。而彰明于十九日，北川于二十一日，又相繼為匪所占，江油一城，遂益被重圍矣。（附圖四）

是時，匪企圖以江油、彰明為新根據地；因江油、中壩兩點，給養便利，既可進擾川西，又能退據川甘邊區，即再向東竄，亦屬自如。故偽第四、第九、第三十各軍，均麕集重華堰、中壩、彰明，及江油城附近；占北川者，僅其一部；在青川、平武一帶者，為偽第三十一軍；在嘉陵江西岸，及梓潼、劍閣者，為偽第三十三軍；偽總指揮部則位于重華堰；因此，江油一城，迭被猛攻。在二十九日以前，以擊破匪之主力，及兼解江圍之目的，先後命令各部，分別據守；其部署大要如次：

一、第一、二兩路軍，在廣元一帶部隊，應由廣元大道南下，轉渡嘉陵江，向兩劍進擊。其南道部隊，為左路縱隊；應以一部，由孫震負責指揮，固守自北川我岸，至三台沿清溪河、涪江之線，及魏城據點。主力由鄧錫侯指揮，出香水、雙合兩場之線，沿涪江右岸，與右路縱隊，齊頭並進；向中壩、江油之匪進攻。

二、第六路軍，經三台或葫蘆溪渡河，集中羅江附
　　近，為右路縱隊；除留置羅江四個旅，為總預備
　　隊外，餘部由王纘緒率領，出綿陽、魏城之線，
　　沿涪江左岸，向兩河口方面，覓匪主力進擊。

三、左右兩縱隊，均限五月三日前，到達攻擊準備位
　　置，並限四日開始進擊；應照穩紮穩打之原則，逐
　　步推進。

四、第三路軍，應渡嘉陵江，固守自閬中不含，經左
　　壁廟至店子埡之橫線，防匪南竄；並與左右鄰接部
　　隊，確實連防。

五、第五路軍延伸接替第三路軍防務，並固守自昭化經
　　蒼溪至閬中沿嘉陵江左岸之線；右與廣元部隊，確
　　實連絡，防匪回竄。另以一部控置鹽亭，與店子埡
　　部隊，確實連防。並酌抽部隊控置蒼溪附近，于五
　　月四日，協同鄧、王兩路，向劍閣方面佯攻，牽制
　　劍、梓方面之匪。

六、胡宗南縱隊，以一部扼守嘉陵江上游兩岸，至廣元
　　城間縱線；及由江峰至碧口間橫線。其寧羌附近，
　　無須控置大兵；白河可以不守；速以主力由碧口、
　　文縣南下，向青、平改擊。

　　以是，二十日，第三路軍由新政壩全渡嘉陵江；
三十日，布防于閬中、店子埡之線完畢；並以一旅進駐
興隆場。二十一日，第五路軍接替第三路軍遺防，並布
防昭化以下，沿嘉陵江左岸；三十一日前，其范紹增
師，集結于蒼溪附近；彭誠孚師亦進至鹽亭，並布防至
店子埡之線，與第三路軍啣接。二十二日，胡縱隊先

頭,到文縣以南;其右路,于二十七日克平武,三十日克古城;其中路,于二十六日向摩天嶺進攻,三十日克青川;其左路一部,二十六日在磨子坪,另一部由碧口向中路後推進。二十五日,第六路軍,集中羅江附近,並以一旅進駐綿竹。三十日,第一路軍在北道者,克昭化。

五月一日,第一路軍在南道者,克梓潼。四日,第六路軍,分四路向匪進擊;一路由魏城向兩河口;一路由新橋向中壩、江油猛攻;一路由涪江左岸,搜索前進;一路經沉香鋪、中興鋪前進;遂于六日克兩河口,並進迫江油東岸;七日克繭市壩,九日克重華堰,十日克彰明。同時,第一、二兩路軍,各向當面之匪猛攻,在茶坪、千佛山、旋坪一帶,激戰十餘日,至二十一日,江油之圍始解。此次戰役,匪我傷亡均重;匪則復受我空軍轟炸,潰退時幾不成軍。而劍門關、劍閣方面之匪,先于四月中旬,向江油、中壩撤退;第一、二兩路在北道之部隊,至是遂經梓潼開赴綿陽,與其在南道之軍合。惟江油被圍四十日之久,匪軍晝夜輪攻不休,且屢掘隧道,轟炸城垣;楊旅長(曬軒)督部死守,始終不懈。且糧彈兩缺,雖經飛機接濟,至為有限,城中民眾,有餓斃者;有將食糧獻諸守城官兵,而自縊者;其壯烈洵足念也。

徐匪陷北川後,即有一部突過清溪河西竄。除先令據鄧錫侯于四月二十六日,抽派兵力一團赴茂縣,兩團赴茶坪,兩團赴土門扼堵外。五月八日,又令李家鈺部,趕日取捷徑,赴灌縣、汶川、茂縣;每縣控置一旅,扼要趕築碉堡;其原有防務,由彭誠孚師接替。

　　十日，令胡宗南派六團兵力，先占領松潘固守；二十日，陸續到達。該縣地廣人稀，而居民多為番夷；北界甘、青兩省，西連西康，為川西門戶；唐宋即設重鎮，明置指揮使，清設總兵鎮守。其城襟山帶河，岷江貫城而過，東距平武三百六十里；南距灌縣六百四十里，匪據之，可進退自如，且為朱毛西竄之理想根據地，然自胡部到後，積極編練番夷，構築碉堡，厲行堅壁清野；故後雖徐匪與朱毛合股，而終不能立足于川西也。

　　同月一日，突過清溪河之匪，竄占馬槽；十二日，以四、五團之眾，夜襲大坪山、水車坪之鄧軍陣地，戰至次夜，始將匪擊退，雙方傷亡均重。同時，匪又猛攻土門，其防守之鄧部，因傷亡過大，于十四日退扼茂縣；匪復來犯，該部又迎戰失利，茂縣遂于十五日失陷。乃令王纘緒率羅江四旅，茶坪四旅，向土門進擊；並令鄧錫侯在南草嶺一帶，及孫震在伏泉山一帶部隊，協同一致出擊。各部于十八日向土門方面猛攻，戰至次日，在曹家坡、大埡口、魚洞口、觀音梁子等處，斃匪甚多；我軍亦有傷亡，王部並陣亡團長一員。二十二日，匪由茂縣文鎮間突過岷江。二十七日，又南犯威州，我李家鈺部一團迎戰失利，退守板橋。自此，剿匪軍事，側重于阻絕徐匪與朱、毛會合矣。（附圖五）

第二章　追堵朱毛股匪

一、朱毛之成長及以前國軍進剿之概況

民國十三年一月，本黨（中國國民黨）決定容納共產黨份子，參加「國民革命」工作；詎其佯為服膺「三民主義」，陰謀篡竊本黨黨權。十四年三月十二日總理逝世，其形益顯。十五年七月九日，本黨在廣州誓師北伐以後，尤無忌憚；公然到處煽惑農工，麻醉青年，鼓動階級鬥爭，造成社會恐怖；凡吾國固有美德，善良風俗，皆欲舉而推翻之；並阻撓「國民革命」，無所不用其極。本黨為完成「國民革命」大業計，乃于十六年四月十二日，舉行清黨。是年八月一日，共產黨徒，勾結軍隊，暴動于南昌，大肆燒殺；其曾任我中央黨部農民部部長之湘人毛澤東，及當時南昌公安局局長之川人朱德，實為禍首；自此，吾國之匪禍作矣。

十七年三月，繼續北伐，六月奠定平津，軍事告一段落。而朱毛已擁眾二、三萬，以寧岡縣屬井岡山為巢穴，出沒於湘東、贛南各縣，宣傳赤化，姦、搶、燒、殺，閭閻騷然；雖先經湘、贛政府派兵往剿，只以交通給養，諸感困難，卒未收效。至是，乃任魯滌平為湘贛兩省剿匪總指揮，以王均、金漢鼎副之，使負清剿之責。嗣湘軍彭德懷、黃公略兩部，相繼叛變，嘯聚于平江、瀏陽、修水、銅鼓之間，與朱毛聯成一氣，匪燄益張。因此，籌議湘、贛兩省會剿計畫，將兩省部隊，分

為五路，每路設司令一人；更劃定湘屬茶陵、資興等六縣，贛屬遂川、寧岡等七縣，為剿匪區域；以何鍵代行總指揮職權，于是年冬，取包圍之勢，開始進剿。並令粵北駐軍，嚴加防堵，卒將該匪擊潰。朱毛股匪，一向新城、大庾逃竄；一由閩、粵交界，進擾武平、上杭。彭黃股匪，則圖回踞井岡山，後經我軍跟蹤追擊，不逞。

十八年春，全國統一，中央決以全力肅清匪患；曾定分區清剿辦法，因事變迭興，無形停頓，殘匪遂又坐大矣。

十九年春，中央任何鍵為湖南清鄉司令，張輝瓚為江西剿匪總指揮，分任清剿之責；但朱毛等匪，已裏脅至七、八萬人。是年夏，分撲南昌、長沙，各地駐軍救援不及。致長沙失陷，南昌勢亦岌岌。中央乃命軍政部何部長為陸海空軍總司令武漢行營主任，主持剿匪之責，國光亦奉命為行營參謀長。于是分令湘、贛各軍，嚴加防堵；並徵調鄂中軍隊前往協剿；未幾，長沙收復，南昌亦轉危為安；該匪遂分竄湘之株州，贛之萍鄉、吉安一帶。十月，中央任王金鈺為湘、贛邊區剿匪清鄉督辦，孫連仲為江西清鄉督辦，更命武漢行營主任，代行總司令職權；統轄湘、鄂、贛三省剿匪部隊，積極痛剿，限期肅清。乃朱毛等匪，知我大軍進逼，乘我布置未周，避實就虛，先發制人。在平、瀏之彭、黃一股，則經修、銅向贛西退卻，冀與朱毛會合。以東固

為巢穴之朱毛一股,則乘間進占吉安。時,我軍以一部扼守樟樹,以鄧英、張輝瓚、譚道源等師,分途圍剿,遂將吉安收復,東固亦為我軍占領;惟張輝瓚以孤軍深入,致在龍岡受挫,以身殉難焉。由是,中央又命令何部長坐鎮南昌,組織總司令行營,指揮湘、贛各軍,合力圍剿。

二十年春,委員長親蒞南昌,以何部長及陳銘樞分任討赤軍左、右翼總司令官,進剿以後,迭獲勝利。不料「九‧一八」事變發生,抽調陳部第十九路軍,由贛南開赴淞、滬填防,東固、寧都附近之殘匪,乘機突圍南竄。我軍正部署進剿,適次年「一‧二八」滬戰暴發,剿匪軍抽調赴援,致匪區逐漸擴大;贛東之鉛山、廣豐,粵北之南雄,閩北之崇安、浦城,及閩南之龍巖、長泰、龍溪,均相繼失陷。而朱匪遂任偽中央軍事委員會主席,毛匪任偽中央政府主席,並建偽都于瑞金矣。

二十一年三月,我陳誠軍,破匪大部于贛縣;卒以兵單匪眾,未能盡數殲滅,致其散而復聚。五月五日,上海「中日軍事協定」成立後,中央為積極剿匪,統一指揮起見,除任委員長為豫、鄂、皖三省剿匪總司令外。又將第十九路軍調福建,以蔣光鼐為駐閩綏清主任;並任何部長為贛粵閩邊區剿匪總司令,陳濟棠副之;國光復奉命為總部參謀長。是時,朱毛股匪之實力,有偽一、三、五、七、八、九各軍團,及第八、

十、十二、十六、二十一、二十二各獨立軍，並數個
偽獨立師，約有十萬餘人，槍八萬餘枝；此外，尚有
地方赤衛隊若干。

　　二十二年三月，贛粵閩邊區剿匪總部撤銷，改組為
軍事委員會委員長南昌行營，國光改任行營第一廳廳
長，掌理軍事。行營成立後，先以顧祝同為贛粵閩湘鄂
剿匪軍北路總司令，何鍵為西路總司令，陳濟棠為南路
總司令；越明年春，以蔣鼎文為東路總司令，于二十二
年九月，開始第五次圍剿。在圍剿以前，委員長定「用
七分政治三分軍事力量」及「戰場上取攻勢戰術上取守
勢」之原則，召集會議，策定黨、政、軍、民，一致動
員，標本兼治。一面徹底澄清吏治，宣揚主義，編保
甲，練壯丁，築公路，建碉堡；革除政治上陽奉陰違，
苟且偷安之積弊；並于匪區派飛機散發傳單，勸導被脅
從民眾來歸，誥匪反正投誠。二十三年春，委員長更倡
導「新生活」，使社會上養成「明禮義，知廉恥，負責
任，守紀律」之風氣。一面用相當兵力，自立于主動地
位，不受匪之牽制，依堵匪、進剿、清剿、追剿步驟；
穩打穩紮；更扼守要隘，實行封鎖；先清各地小股，然
後進擊贛南老巢。凡收復一地，即按預定黨政規劃，切
實推行，必使根株盡絕而後已。以是，節節勝利，在
二十三年八月以前，前失南雄、龍溪、長泰、龍巖、崇
安、浦城、鉛山、廣豐等八縣，及偽「江西軍區」之黎
川、南豐、樂安、永豐等四縣，「湘鄂贛軍區」之修
水、銅鼓、萍鄉、萬載等四縣，「湘贛軍區」之安福、

蓮花、寧岡、遂川、醴陵、茶陵等六縣,「福建軍區」
之連城、寧化、清流、歸化、泰寧、建寧等六縣,「閩
浙贛軍區」之上饒、橫峰、貴溪、資溪、光澤、邵武等
六縣,均先後收復。所未復者,僅廣昌、石城、寧都、
興國、瑞金、會昌、雩都、長汀等八縣而已;旋又迭予
重創,故其終于逃竄也。

二、朱毛之突圍及以前進剿之概況

二十三年十月,朱、毛率偽第一、三、五、八、九
等軍團,約五萬人,槍三萬枝;乘我南路封鎖稍疏,由
贛縣南之固陂、新田、王母渡、立瀨等處,突過贛江上
游之桃江。是月上旬,其偽五、六兩軍團,在興國、寧
都一帶,與我北路軍第六路薛岳部對峙;偽一、三兩軍
團,由石城向西移動;偽九軍團,由長汀移會昌之珠蘭
鋪;蓋匪之主力,均集中于贛江東岸,取伺隙突圍之姿
勢。是時,守備贛縣、信豐、安遠一帶者,為南路軍之
一師;以一團駐韓坊,兩連駐王母渡、立瀨間,一團駐
信豐城,一團駐雄信公路沿線,一團駐信豐西北;而王
母渡與韓坊相距六十里,僅有集團碉堡數座,不能收連
絡封鎖之效,故匪得以突過。

匪部在八月以前,雖被國軍長期圍剿,受創深重;
而重要匪首,仍多主張死守老巢,不輕出走。其後,駝
前、老營盤、筠門嶺、古龍岡等險要,次第被我占領;
而石城、興國、寧都、長汀等縣,又相繼被我收復;乃
知死守老巢,終歸消滅,遂又主張突圍。並提出「爭取

四川」口號，以川省內情複雜，且先有徐匪盤踞，或易于實現其發展之迷夢也。

惟匪之窮極圖竄，在二十二年十月，我北路軍正面，完成宜黃以東，至黎川、杉關一帶；及其以西，吉水、永豐、樂安、鳳岡、崇仁一帶之碉堡封鎖線後；即勝算在握。而其突圍竄走，必西與川北之徐匪，或湘西之蕭賀股匪會合，則在委員長意料之中。故為便于清剿計，曾提出「寧可迫使東竄，不可縱其西竄」之原則，詳定封鎖計畫。除北路軍，師行所至，構成縱橫碉堡線外。是年三月，令西、南兩路軍，就贛江天險，于其西岸，構築牆壁式碉堡，此第一道也。又就萬安、遂川、大汾，構築橫線碉堡；大汾、桂東、汝城、仁化、曲江，構築縱線碉堡；此第二道也。九月，更令湘、桂兩省政府，就湘、灘兩江，分流同源之天然形勢，構築南北連貫之碉堡封鎖線；並妥籌守備之法，以防萬一。

十月中旬，朱毛主力，既麕集于贛江東岸，取伺隙突圍之姿勢；二十一日，以偽一軍團任右翼，三軍團任中路，五軍團任左翼，攻我南路軍韓坊、新田、古陂等處；同時，偽八、九兩軍團亦到缶下，跟蹤西竄。南路軍封鎖既不嚴密；防守兵力，又嫌單薄，自難阻止。當匪大部，尚徘徊于大庾東北地區之際，即命北路軍周渾元縱隊，于十一月三日以前，先行集中遂川、大汾線上；第六路薛岳部，經龍岡、吉安、安福、蓮花、茶陵、安仁、耒陽、常寧，向零陵附近集中；限十一月二十四日以前，完全到達；所遺防地，由顧總司令派隊

接替。命西路軍，鞏固汾、桂、汝、廣縱線，即萬、遵、汾橫線，其餘各縱橫線上部隊任務，交由湖南保安團接替；主力陸軍，均控置于相當地點，以資機動。命南路軍，就汝、仁、曲線上，努力堵截，以遲滯匪之行動；並以大部追擊之。命桂軍控置于全縣與安間。命空軍逐日派機，更番追匪，盡力轟炸，使匪白晝不敢行動；此最初部署也。

　迨贛、粵、閩、湘、鄂五省剿匪軍戰鬥序列，于十一月底撤銷；乃以何鍵為進剿軍總司令，統轄第一、第二兩兵團，下分六路，其編組如左：

第一兵團總指揮劉建緒，轄：

　第一路追剿司令陶廣

　　第十六師——師長章亮基

　　第六十二師——師長陶廣

　　新編第三十四師——師長陳渠珍

　第四路追剿司令李雲杰

　　第十五師——師長王東原

　　第二十二師——師長李雲杰

　第五路追剿司令李韞珩

　　第五十三師——師長李韞珩

　　第六十三師——師長陳光中（缺陳旅）

　第六路追剿司令李覺

　　第十九師——師長李覺

　　第六十三師陳旅

　　保安團隊

第二兵團總指揮薛岳，轄：

第二路追剿司令吳奇偉

第五十九師——師長韓漢英

第九十師——師長歐震

第九十二師——師長梁華盛

第九十三師——師長唐雲山

第三路追剿司令周渾元

第五師——師長謝溥福

第十三師——師長萬耀煌

第九十六師——師長蕭致平

第九十九師——師長郭思演

朱毛股匪，既先于十月二十一日，突過南路防線；二十五日，以一部攻陷南康，大部竄至信豐西南，及南雄東北一帶；南路軍雖臨時進擊，卒被匪于二十七夜，經青龍、池江、新城、賢女埠、南康一帶，竄陷崇義。二十八日，由崇義、上猶竄抵豐州、上堡等處，並有大部于同時竄抵文英營。

十一月二日，先頭匪部，竄至汝城附近，並于羊山港、連珠岩、東崗嶺、南嶺、熱水圩、八坵田等處，構築工事。自三日起，分向我大坪、大來圩、臘嶺、高排、汝城之碉線猛攻，因陶廣部力拒，激戰六晝夜，加以空軍更番轟炸，汝城得以不陷；是役，斃匪二千餘，俘獲亦夥。匪受創後，于八日晚，撤汝城之圍，分道西竄；以偽一、三兩軍團，由大來圩、五里墩向文明司、

宜章方面竄走，五、八、九等軍團，則經熱水圩、八坵田、城口向九峰方面竄走，連占萬會橋、良田、赤石等處，並陷宜章。陶廣部既全汝城，仍向文明司跟進；十二日，在刀坳附近，與偽八軍團之一部接戰，破之；次日，在百丈嶺附近，遭遇偽五軍團之一部，激戰終日，又破之；乃占領百丈、文明司之線，先後斃匪六百餘，俘獲亦夥。

是時，何鍵已赴衡陽督剿；偽三、九兩軍團，亦竄到郴縣西南地區，而飛鍾、灘門一帶，亦有匪數千，不斷與我軍接觸；十四日，與第十五師激戰于蜈蚣嶺，不支；十五日，向保和圩方面竄走。該師乘勝經良田追至廖家灣、兩路司之線，復與偽八軍團接戰，破之。匪向宜章奔竄；同時，灘門之匪，亦被該師擊潰，遂于十六日收復宜章。此次各役，斃匪二千有餘；逃亡尤多。

第十五師收復宜章後，仍沿宜、臨大道追剿。同時，周渾元部，已由郴縣向嘉禾前進；粵軍兩師，亦由坪石向臨武威脅。匪以我大軍分頭進逼，知難抗拒，乃分三路逃竄；以偽三、九兩軍團，經嘉禾向寧遠為一路；偽一軍團，經藍山向道縣為一路；偽五、八兩軍團，經嘉禾以南地區為一路。我追剿軍則分五路追堵，其與粵、桂軍，將匪包圍于湘、灘兩水以東地區，而聚殲之。以陶廣之第一路，集結主力于黃沙河附近，與桂軍連繫，堵匪西竄；並沿湘江碉線，下至衡陽之東陽渡，嚴密布防。以吳奇偉之第二路，集結零陵附近，與一、三兩路連繫，堵匪北竄；並截擊西竄之匪。以周渾元之第三路，向道縣追擊前進；並

全部到達道縣後，即與一、二兩路，及桂軍連絡，截擊竄匪。以李雲杰之第四路，與第三路連絡，由嘉禾向寧遠，及其以南地區，躡匪尾追。以李韞珩之第五路，與第四路，及粵軍連絡；由臨武、藍山、江華、永明，躡匪尾追；並與桂軍確取連絡。

惟匪於十六日竄陷臨武，十七日復陷嘉禾、藍山；而其主力，固我軍追剿甚急，改向寧遠方面逃竄。十九日，又由藍山分出一股，經江華、永明，至桂邊之龍虎關；另以一部數千，在嘉禾以南，占領陣地，抗我追兵，掩護其主力西竄。我第四路李師，到嘉禾附近，即向匪猛攻，頗有斬獲；而其王師，又同日破匪于永樂圩。二十日，李師復破匪于落山廟。二十一日，偽三、九軍團，進圍寧遠；偽一軍團陷道縣；但因周渾元部追至，撤寧遠之圍，退至天堂、下灌一帶。其由江華、永明至龍虎關一股，于二十二日，被我桂軍周祖晃、韋雲淞兩師痛擊，及空軍轟炸，受創頗重，向界首方面逃去。其在下灌者，二十三日，被第四路王師擊斃千餘。其在天堂者，二十四日，為周渾元部所破，退踞道縣城，沿河扼守。二十五日，周部復渡河猛攻，將匪擊潰，收復道縣；殘匪經其西之壽佛圩，向桂境永安關、文市竄去。二十六日，經興安、全縣間之界首、麻子渡、屏山渡等處，竄過灘江；但在三十日以前，連日為桂軍及第一兵團，在路板鋪、朱蘭鋪、鹹水、文塘、大埠頭等處痛擊，共斃二千餘名；大部經義寧、龍勝向湘、桂、黔邊區急竄；一部經龍腊西北由湘邊之長安堡，于十二月八、九兩日，竄至臨口、下鄉、菁蕪洲之

線，乘虛于十日陷通道。

十二月十二日，進剿軍第五路陳師，與匪戰于通道北之倒水界；第一路章、陶兩師，與匪戰于菁蕪洲、臨口之線；次日，將匪擊潰，收復通道。十四日，匪以一股經新廠進陷錦屏；一股經廣南城進陷黎平；自此，追剿朱毛重心，移于黔省。

十五日，黔軍周旅連合團隊，將黎平攻克。十六日，匪分數股，攻南家堡、瑤光等處，黔軍接戰失利；二十二日，台拱陷；而匪之先頭，已到施洞口附近，時，湘桂邊區，殘匪尚多，不獨擾竄地方，且牽制追軍行動，遂一面令黔軍扼要堵截。一面令第一兵團，章、陶兩師向通道以南之渫江口、牙屯堡，及湘、黔邊境進剿；陳、王兩師，由新場、會同向黔邊尾追；新寧、武岡之李韞珩師，向綏寧方面策應。二十六日，第二兵團由湘入黔，經玉屏、青溪到達鎮遠附近。

二十五日，偽一軍團竄鎮遠，偽三軍團竄施秉；黔軍駐鎮遠之蔣旅，施秉之宋團，接戰後，均因眾寡懸殊失利，兩城均不守；而匪並陷黃平。二十六日，薛岳部攻克鎮遠，遂于二十八日，派四個追擊隊，向施秉方面追剿；三十日，收復施秉，斃匪無算。

三、參謀團入川時追堵之經過

甲、朱毛竄渡金沙江以前

　　二十四年一月一日，黔軍杜旅，克復黃平。匪以迭受重創，二日，以一部由鎮遠方面，竄至石阡；主力則由餘慶、甕安方面，分經孫家渡、袁家渡、岩門渡、迴龍場等處，搶渡烏江。四日，陷湄潭，即由湄潭、團溪一帶，進犯遵義；七日，黔軍師長侯之擔，棄城不守；匪遂據而組織各級偽機關，加緊地方匪化。遵義當川、黔交通要衝，為黔北一大市場，其重要僅亞于貴陽，一旦失陷，重慶為之震動。劉湘前在南京，委員長曾諭其負責專以全力剿辦徐匪，至朱毛西竄，則由中央處理；故于川南，未加部署，且無兵事防。當匪由湖南竄入黔境，進擾鎮遠時；以其可西襲貴陽；北竄酉陽、秀山，隔斷長江，進連徐匪；更可越渡烏江，進犯川南。曾于上年十二月二十二日，將以上情形，呈報委員長，請令調鄂中駐軍數師，集結思施、利川及酉、秀，或先令鄂湘川邊區剿匪總司令徐源泉部推進，俾得抽出酉、秀之兵，移駐綦江、南川，屏障重慶，兼援烏江，一面令追剿軍跟追。而國光同時亦以是為請，委員長遂令何鍵進駐沅陵，以劉建緒之一部，圍剿盤踞桑植、永順之蕭克、賀龍股匪；其另一部，及薛岳全部，則尾匪追剿；徐源泉以第四十一、第四十八兩師，及新編第三旅，經鄂西推進酉秀，及黔江、彭水；第一路總指揮上官雲相，率第四十七、第五十四兩師，由豫經鄂，開駐奉節、萬縣；又令劉湘派隊協防烏江，並派隊防守赤水、

鰼水、綦江、南川之線，分別追堵。一月五日，劉建緒部王東原、李雲杰兩師，由芷江經麻陽，向銅仁、江口推進；李韞珩、陳光中兩師，向鎮遠北進，七日，薛岳到貴陽，所部吳奇偉一路，同日到達，先推進修文、清鎮；周渾元一路，以一部尾匪窮追，主力向平越、貴定跟進。

　十二日，參謀團抵重慶；但匪先于十日陷桐梓，並占松坎；十一日，陷鳳岡、綏陽。當時判斷匪之行動，以向瀘縣、宜賓西竄，是其上策；東竄酉、秀、黔、彭，圖渡奉節、萬縣，與徐匪會合，是其中策；直犯重慶，是其下策，則為我軍聚殲良機。雖所顧慮者，為其西竄，而委員長已先令第十路總指揮龍雲，派滇軍十一個團，由其參謀長孫渡指揮，經威寧向畢節前進。國光乃與劉湘計畫防堵，抽調三十個團兵力，以潘文華為川南剿匪軍總指揮；駐瀘縣負責堵剿。十六日，為防匪東西突竄，並壓迫于川江南峰聚殲之目的，命令部署如左：

一、追剿軍薛岳全部，及劉建緒之一步，並連合黔軍，先行掃除遵、湄之匪，而占領德江、鳳岡、湄潭、遵義、黔西之線。爾後，追擊行動，愈速愈妙，使匪無喘息餘地；尤須控置重兵于左翼，俾得壓迫該匪于川江南岸地區。

二、堵剿部隊，由川、滇軍任之。川軍對匪主力，如犯重慶，則由南川與龍門場部隊夾擊之。如犯瀘縣，則由龍門場與瀘縣、納溪部隊夾擊之。如向西竄，則第一步，防堵于瀘、敘、畢線；第二步，防堵于

　　橫江場、鹽津，及安邊場、宜賓間金沙江下段；與宜、瀘、大江之線。滇軍應守灘頭、鹽津、畢節之線，啣接川軍。防堵各部，應速完成各地碉堡工事，及通信設備，嚴陣固守，以待追剿軍趕到，連絡川軍機動部隊夾擊之；如被匪軍過其防地時，則立即躡匪追剿。

　　十八日，以黔軍師長侯之擔，放棄遵義後，又潛至重慶，為整飭軍紀起見，將其看管查辦，川黔軍心，因而振作；同時並令劉湘派員往赤水、松坎一帶，整頓該部。先是自十六日起，黔軍猶國材部，在鳳岡、湄潭一帶，與匪相持；王家烈部，在遵義以南，濫板櫈、螺絲堰、刀把水之線，與匪激戰；故至十九日，王部克復遵義，同日猶部亦克復鳳、湄、綏各城。二十二日，潘文華部廖旅，克復松坎，該旅有兵四團，即連絡先開正安之穆旅王團，尾匪追擊；蓋匪已先陷仁懷，其主力均竄集溫水、東皇殿、土城、鰼水地區，且有一部于是日在沙灘場搶渡赤水河也。

　　是時，潘文華部，除邊防第四路魏部，及蔣旅各三團，已布防橫江場至安邊場；及由安邊場沿江至瀘縣外。其郭、潘、達、劉等四旅各三團，在江津、合江、古宋一帶布防；章旅四團，范旅三團，在敘永、赤水一帶布防；劉湘遂改守為攻，于二十二日下總攻要令，由以上六旅，及松坎方面之廖、穆兩旅，分向溫水、東皇殿、鰼水、土城之匪，迎擊、側擊、追擊。二十五日，薛岳部吳奇偉軍，派出第一追剿隊，周渾元軍派出第二追剿隊，分由新場、刀把水向仁懷、茅台急追；同日，

王家烈、猶國材兩部，派出第三、第四追剿隊，分向遵、桐、赤、鰼急追。

潘文華部，自二十二日起，與匪激戰七晝夜，肉搏數十次，卒于二十八日，在土城附近，將匪主力擊破；該部傷亡官長百餘員，士兵約三千名，為川軍剿匪以來，未有之劇戰。朱毛匪部，除被俘千餘人外，傷亡無算，逃散尤眾，遂分兩股竄走；一股約萬餘人，由土城西北，向血百坪；一股不滿萬人，由土城西南，經馬蹄坳向洛用、古藺。潘部亦分兩路追堵，向血百坪之匪，以達旅尾追，章旅由復興場向右橫截，劉旅位置于大石母、天星橋截剿；向洛、古之匪，以郭、潘兩旅向洛用天道尾追，摩旅向兩河口、石寶寨側擊，范旅由古藺堵剿。（附圖六）

二月二日，中央以何鍵為剿匪軍第一路總司令，負責專剿湘中之匪，原有追剿軍戰鬥序列撤銷。以龍雲為剿匪軍第二路總司令；薛岳為前敵總指揮；吳奇偉任第一縱隊司令官，周渾元任第二縱隊司令官；孫渡任第三旅縱隊司令官；王家烈任第四縱隊司令官，猶國材副之，協同川軍專剿朱毛股匪。

同日，土城殘匪復合，並猛撲敘永，經潘部劉旅迎擊，激戰一晝夜，向兩河口、大壩、建武營竄走；七日，其先頭竄長寧南之周家溝，潘部郭、范、廖等旅，均啣尾追擊；袁、達、章、潘等旅，則向長寧、珙縣、高縣一帶堵截。匪知難深入川中，乃折西南向滇境長官汎竄走；十日以前，徘徊于威信、牛街地區；而潘部追

軍三旅，已在敘永西南之大壩、建武營、兩河口一帶；並有一部，追至洛表。其他，袁、達兩旅，又在高縣及其南之嘉樂場、羅場等處；潘旅在長寧、珙縣、興文；劉旅在筠連；章、穆兩旅，則開屏山、雷波，協同魏、蔣兩部，鞏固江防。十一日，孫渡部安、魯兩旅，在威信、鎮雄間，迎匪痛擊；而郭、廖、潘三旅，又分向牛街、黃水河急追；袁旅經筠連向鹽津推進，遮斷牛街通鹽津、普洱渡之路，防匪由雷波、綏江、屏山竄渡金沙江。惟匪已被孫部擊潰，紛向深山老林中藏匿，孫部復跟入搜剿，遂於十三日以一股竄威信南之扎西，一股竄其北之洛亥。十四日，合而回竄敘永、古藺以南之黃泥咀、分水嶺、營盤山一帶；當令潘部入滇之潘旅，回援敘永；郭、廖兩旅，仍躡匪追剿；范旅駐建武營附近策應；劉、袁兩旅，分扼黃水河、牛街、鹽津各點。十七日，匪竄迴龍場、太平渡、兩河口一帶，我周渾元部謝、萬、蕭各師，經飄兒井、長幹山、仁懷、分向古藺追剿；王家烈部兩旅三團，分防復興場、魯班場，沿赤水河之線。十八、九兩日，匪分兩路東渡赤水河，回竄入黔；一股由洛用向土城，一股由二郎灘向東皇殿。（附圖七）

　　二十三日以前，匪在敘永、古藺以南，仁懷以西地區，徘徊竄擾；迭被我軍追堵截剿，主力不過萬餘人。其企圖不外一往來奔突，欺騙我軍，實施其聲東擊西之慣技；二實行回竄，期與蕭、賀合股，藉厚勢力。是日，為防匪東竄計之命令：

一、薛岳、上官雲相兩部，派隊扼守貴陽、遵義、桐
　　梓、松坎、綦江第一防堵線。
二、何鍵、徐源泉兩部，派隊預布烏江第二防堵線。
　　又為防匪西竄計，下達如左之命令：
一、川、滇軍，仍扼守橫江場、灘頭、鹽津、昭通第
　　二線。
二、川軍扼守敘永、古藺第一線；及屏山、雷波第
　　三線。
　　更以追剿各軍，殲匪于遵義、綦江以西，赤水河以
東，大江以南地區之目的，命令如下：
一、川軍郭指揮（勛祺）率郭、廖、潘三旅，分由麻線
　　堡、古藺、向土城方面，躡匪尾追；窮匪所至，不
　　滅不止。
二、滇軍孫司令官（渡）率安、魯、龔三旅，由扎西、
　　分水嶺向赤水河以西地區，協同川軍，覓匪進擊。
三、周渾元縱隊，分由飄兒井，及仁懷沿赤水河兩岸地
　　區，協同川、滇軍，尋匪兜剿。
四、潘總指揮（文華）速調田旅，開赴赤、鰼之線，
　　協同黔軍侯漢佑部，堵匪北竄。令范、劉兩旅，開
　　赴合江、江津間，扼要防堵。侯漢佑督部固守赤水
　　城，並向機出擊。
五、黔軍何知重師，分由復興場、茅台，向匪夾擊。

　　二十四日，郭勛祺部，追至土城；匪向桐梓、婁山
關竄走。次日，王家烈部兩旅，迎戰失利，桐梓城再
陷；後續匪部，由溫水向九壩、桐梓跟竄，一部向松

128　南昌行營：參謀團大事記（一）
Generalissimo's Nanchang Field Headquarter: Military Staff Records, Section I

坎、新站分竄。二十六日，郭勛祺部，追抵東皇殿、吼灘、大安壩一帶。周渾元部萬師由東皇殿；謝、蕭兩師，由清水塘經仁懷，齊向桐梓進剿。惟匪占桐梓，即以主力猛撲紅花園、婁山關、黑神廟之線；防守後線之王家烈部兩團，應戰一日夜，為匪所挫。二十七日，匪即進犯遵義，守軍亦為王部兩團，因未集中，復被匪各個擊破。是日午後，匪入該城，當經吳奇偉部先遣隊加入反攻，將匪擊退；卒因匪眾我寡，王家烈本人于是夜退出；次日，又為匪陷。同日吳部唐、韓兩師，集結于遵義南之新站附近；二十七日韓師由忠莊轉進時，亦有傷亡。

　　三月一日，猶國材部收復桐梓；郭勛祺部亦同時到達。周渾元縱隊，在仁懷東南之譚廠、長幹山一帶。三日，命令各部收復遵義，其部署如左：

一、郭勛祺率所部三旅；並指揮在桐梓之黔軍，限陽日集中于大溪里、排居場附近後，即向遵義東北地區進攻。

二、周縱隊謝、蕭、萬三師，由仁懷向遵義西南地區前進，限微日長幹山、風香壩，魚日白臘坎、鴨溪場，陽日就準備位置；部署完畢。即向遵義城西南地區進攻。並王縱隊何知重所率六團，現在仁懷、桐梓間地區，統歸周渾元指揮。

三、吳縱隊主力，限魚日集結刀把水、大渡口間地區，應機策應周縱隊之作戰，及堵截向東北或西南潰竄之匪；須與周縱隊切取連絡，以一部守備十字

　　叉、大渡口間地區，及茶山關渡口；一部守備扎
　　住及黃沙渡、六廣河；一部守備貴陽、貴定、清
　　鎮間地區。

　　惟匪陷遵義後，大股西竄鴨溪口、白臘坎一帶，並
向仁懷方面警戒；一部在遵東之老蒲場與黔軍蔣在珍師
激戰，似有經湄潭、鳳岡，東渡烏江，冀向蕭、賀合
股；遂于同日規定烏江沿岸守備如左：

一、徐源泉部新編第三旅，及四十八師；除酌留一部，
　　守備黔江外。應以主力守備烏江下游，自彭水至龔
　　灘（含）之線，限齊日到達。

二、何鍵部第一五師、二三師、六三師，除酌留一部，
　　守松桃、酉陽、秀山線外；應以主力守備烏江沿
　　岸，自龔灘迄水口不含以東之線；對沿河至思南之
　　一段，尤須特別注意，至王師著即由鎮遠移駐石
　　阡，以為沿江守兵之策應，均限齊日以前到達。

三、薛岳部吳縱隊，應以一部連絡黔軍之一部及民團，
　　守備烏江上游，自水口含經茶山渡、烏江城至大渡
　　口之線，限魚日以前到達。

　　七日，上官雲相部，由萬縣經重慶向綦江、桐梓前
進。孫縱隊龔、安兩旅，集結大定；魯旅推進黔西；令
其以後行動，直接請示薛岳；其他各部，均遵令部署。
十一日，吳奇偉部及郭勛祺師，同克遵義，頗有斬獲。
殘匪竄集鴨溪口、長幹山間，有西竄模樣；時，王縱隊
何、猶兩師，在沙土、新站、三重堰之線；乃令吳縱隊
由刀把水逕赴鴨溪口追剿；周、王兩縱隊，向西竄之匪

夾擊；孫縱隊向打鼓新場推進截擊。是日午後，匪在譚
廠東南，即與我周部接觸，至十五日，偽一、三、五軍
團，猛撲魯班場之周部主陣地，激戰終日，卒被我擊
潰；同日，吳縱隊又夜襲風香壩之匪成功；斃匪無算，
俘獲亦多。但我亦共傷亡營長以下官兵三百餘人。匪受
創後，向仁懷、茅台方面竄走；十六日，乘虛陷仁懷；
同日，郭勛祺師到譚廠。十七日，匪由茅台再西渡赤水
河；同日，吳縱隊到長幹山，周縱隊由魯班場向吳馬口
移動。嗣搜俘匪供：「此次朱毛進犯魯班場，企圖以全
力擊破周縱隊，再攻吳縱隊，然後奪取遵義，成則赤化
黔省，否則他竄；因受創甚重，故爾西竄。」十八日，
郭勛祺師克復仁懷，即以兩旅進至茅台，一旅在仁懷渡
赤水河追剿。次日，匪陷古藺，但潘文華部四旅，已集
結得要關、站底等處堵剿。以是，匪又回竄，由太平
渡、二郎灘，再東渡赤水河；二十一日，竄抵東皇殿、
臨江場一帶。當以匪之盤旋竄擾，地方受害過深，必須
盡力兜剿，絕其根株；乃令郭師由古藺南之石寶寨折回
跟追；王家烈督部扼守自赤水城沿赤水河，上至赤水河
鎮之線；上官雲相部，及第一路軍第三縱隊李韞珩部，
守綦、松、桐、遵之線；吳、周兩縱隊，集結仁懷、茅
台一帶，相機進剿。至孫縱隊，則暫在黔西、大定之一
帶待命。（附圖八）

　　二十四日，委員長由重慶飛涖貴陽督剿。匪由仁懷
東北之大壩場、牛渡灘東竄，企圖再犯遵、桐，以我有
大軍駐堵，不逞；折而南竄。二十五日，竄楠木壩；次

日，向譚廠、楓香園進竄，適周、吳兩縱隊，已在茅台、仁懷、譚廠、長幹山、楓香園、白臘坎、鴨溪口之線，嚴陣以待；當即迎頭痛擊，將其截為兩段。偽九軍團乘間向飄兒井、大定潰走；其他各偽軍團，則在該線東南亂竄；二十八、九兩日，徘徊于息烽對岸之沙土、安底一帶。同時，吳、周兩縱隊主力，則向打鼓新場、三重堰地區前進堵剿；唐雲山師在息烽；韓漢英師，配備黃沙渡、鴨池河沿岸；孫縱隊主力，集中黔西；李韞珩部兩團，趕至息北之養龍站。三十及三十一兩日，匪在息北梯子岩、河尾壩地區，搶渡烏江；但三十一日，在黑神廟、三合土等處，被我軍痛擊，傷亡甚重。

　　四月一日，匪之大部，在息烽、六廣城之間，一部向其西南移動。二日，李韞珩部一旅，進駐息烽，並在寨底斃匪甚夥；而匪先頭已抵扎佐北之狗場壩。三日，匪之大部，在修文以北，被我軍夾擊，頗有傷亡；因由息南向新鋪、白馬洞東竄。四日，越開陽竄至雞場、羊場一帶。同日，周縱隊萬師，向遵義以南濫板橙轉進；其餘，在六廣城、大壩之線。吳縱隊循新鋪、百官、羊場之線尾追。孫縱隊在鎮西衛、清鎮、貴陽之線。五日，匪仍在雞場、羊場一帶，其偽三軍團由馬場東竄與我吳縱隊遭遇于獅子山、拿扎等處，激戰半日，被我擊潰；因此，敵向甕安方面竄走。是役，斃匪五百餘，俘獲尤多，我亦傷亡官兵百餘人。六日，匪之主力，竄集貴定西北之洗馬河；吳縱隊仍躡匪尾追，李韞珩師亦由開陽向甕安追剿。八日，匪軍竄集貴定、貴陽之間，而

虎場、黃泥哨一帶之匪尤多；雖在吳、孫、李各縱隊包
圍中，距貴陽不過十餘里。委員長乃躬親指揮各部，血
戰兩日，卒將匪擊潰；而孫部龔道源旅，復於九日在觀
音山將匪包圍繳械。是役斃匪三千餘，俘獲無算，為繼
土城之役第一劇戰，自此，匪益殘破不堪。
九日，以王家烈、猶國材為第二路軍追剿區副總指揮，
柏輝章為第一〇二師師長，何知重為第一〇三師師長，
吳劍平為第一二一師師長，蔣在珍為新編第八師師長，
均歸王家烈統一指揮。

十二日，以徐匪實力，大於朱毛，為便利劉湘所部
集中一方，便於指揮起見，將其川南剿匪軍，除郭勛祺
一師仍駐黔西外；其餘部隊，與川北第四路楊森對調。
並令楊森率部南開，以兩旅位置於鰼水、土城一帶；接
土城、茅台間，赤水河西岸防務；以兩旅接敘永一帶防
務；以一旅接橫江場一帶防務；以一旅接屏山、雷波一
帶防務；總指揮部駐敘永。

匪在貴陽附近受創後，向青岩方面竄走；孫縱隊仍
跟蹤追擊；李縱隊向平壩尾追，十六日到達。同日，吳
縱隊在鎮寧、關嶺間，周縱隊在安順、鎮寧間截堵。王
家烈部則先駐安順、普定一帶。但匪先於十一日，由青
岩竄擾定番，並陷廣順。十二日，大部由廣順向雙堡場
西竄，一部向長寨南竄。次日，孫部克廣順，匪向其西
南竄走。十四日，廣順一股，徘徊於鎮寧南之江龍場，
及通關嶺縣城、關嶺鎮之道路中；次日，與長寨之一

股，均向紫寨東南之龍場、宗地，及其西北之張官堡、馬場等地竄走，被我空軍轟炸掃射，傷亡頗多。十六日，一股西竄打幫河東岸板羊、荒田場一帶；一股南竄，渡打幫河進擾貞豐，及其東南之白層、羅炎等處。次日，其西竄者，亦在百層對岸渡河，竄集貞豐附近。十九日，由貞豐經者相、龍場、巴林、六官堡竄陷興仁。二十日，竄興仁西北地區，一部為周縱隊蕭師在舊營擊潰；一部在觀音洞附近，被吳縱隊歐、梁兩師截堵，戰至次日，破之；斃匪甚多，俘二百餘人，獲槍二百餘枝，機關槍十餘挺；但我亦傷亡連長以下官兵二百餘人。殘匪向威舍方面竄走；二十三日，由威舍渡黃泥河竄入滇境。薛岳部，除郭思演師缺一旅，韓漢英師缺一團，及唐雲山師留守貴陽、清鎮外，其餘，郭師所缺一旅，韓師所缺一團，與吳縱隊之歐震、梁華盛兩師，周縱隊之謝溥福、萬耀煌、蕭政平等三師，李縱隊之第五十三師，及孫縱隊，均尾匪窮追；至猶國材縱隊，則分駐威寧、安順、關嶺等縣。蓋是時，已將李韞珩之第五十三師，撥歸薛岳指揮；而王家烈已辭職照准，繼之以猶國材也。（附圖九）

朱毛殘匪入滇後，即向平彝、曲靖分竄。二十五日，其前在仁懷，被我軍截為兩段，乘間竄飄兒井之偽九軍團，約二千人，先于本月十六、七兩日，竄至大定西南之貓場、兩岔河、蘇麻地等處；經何知重師痛剿，即向水城方面潰走。復經雞場、杜灘等處，于二十四日，竄至盤縣西北約五十里之石多谷；本日，與竄平彝

之一股，合于其西北之阿依村附近。

　　二十六日，曲靖方面之匪，向霑益竄走，在其東之白水，被我空軍炸斃頗多。次日，一部由板橋犯宣威，經我守軍擊退。二十八日，大部向嵩明、尋甸方面進竄。至是，匪之行動，必渡金沙江無疑；尤以在其上游，寧南、永仁一段，竄渡之公算為多；遂于二十四日至二十八日，先後命令各部防堵，其部署如左：

一、楊森所部，以兩旅兵力，布防敘永至筠連橫線內；以一旅扼要築碉防守，一旅控置敘永策應。另以一旅擔任橫江場、灘頭含之縱線。以三旅擔任安邊場、屏山、雷波沿金沙江之線，主力控置屏山。

二、第二十一軍川南部隊，在楊部來接防以前，仍行嚴密防堵；但交防後，著以一旅控置于瀘縣，一旅控置于宜賓。

三、著劉文輝立派得力部隊，擔任雷波（不含）至永仁沿金沙江上游之防；對于寧南至元謀一段江防，尤須嚴密布置。並控置主力于會理，左與雷波楊部切取連絡。須設法號召夷人，協助防堵。

四、沿江布防，應就江言，不拘省界。其何家方面駐軍，龍雲應轉飭與劉部切取連絡；凡與川境毘連各地，均應一律築碉固守。

五、對于金沙江沿岸之防，均須嚴密築碉。對各渡河點，須築碉堡群，多派兵晝夜沿江梭巡，及嚴密布置警戒兵；另分段設置地區預備隊。

六、對于金沙江沿岸所有船隻，及一切渡河材料，概行

收集宜賓；萬一不能辦到，亦應各預為收集儲藏我
　　岸，臨時或予燒燬，免資匪用。
七、對于指示方法，務須切實辦理；如有疏漏，將來一
　　經查出，必以縱匪論罪。

　　二十九日，宣威南之匪，由板橋向會澤西竄；尋甸
方面之匪，竄至嵩明南之楊林。同日，孫縱隊劉、安兩
旅，由昆明轉向嵩明方面截剿；龔、魯兩旅及吳縱隊，
尾匪急追；周縱隊由尋甸向嵩明截堵；李縱隊到宣威，
並向會澤前進。

乙、朱毛竄渡金沙江以後

　　五月一日，朱毛主力陷祿勸，二、三兩日，經武定
向元謀竄去。另一部約四、五千，于三日自祿勸經小
倉、團街北竄；並于是夜，由魯車渡、白馬江、紅門渡
各渡口，竄過金沙江，進占通安；經劉文輝部一營，奮
擊不退。旋派劉元唐旅趕到，向匪猛攻，始于四日恢復
通安。同日，宣威方面之匪，經會澤西南之尖山、小渡
口地區，向新村衝竄；其大部均麇集祿勸、元謀以北，
迫近金沙江邊矣。六日，匪在元謀通會理大道之龍街，
架造浮橋，被我空軍炸燬。同時，孫縱隊追及，匪知不
能渡江，自將大小行李燒去，折回環州。因劉文輝部，
未遵令到金沙江左岸，實行防堵；所有未渡江之匪，卒
于十日以前，死力抵抗我追軍，掩護其主力，亦由魯車
渡、白馬江、紅門渡各渡口竄過，隨將船隻及渡河材料
破壞，阻我追軍。

　　十日，委員長由貴陽飛涖昆明督剿。薛岳亦由富民向祿勸前進，並督飭吳縱隊向祿勸，周、孫兩縱隊向江邊追剿。但因渡河材料缺乏，至十六日，李縱隊始由巧家渡江，當將對岸之匪擊潰；次日，向會理魚進。二十一日，周縱隊亦由巧家開始渡江。同日，吳縱隊由龍街渡江，進至江駅。次日，薛岳亦進至江駅。

　　先是劉元唐督飭該旅，于七日，夜襲渡江之匪，失利。次日，退守會理；九日，匪即圍攻之。十一日，我空軍在會理附近轟炸，斃匪甚多。是日，匪遂分股向西昌竄走。十日至十二日，命令各部于下：

一、著楊森全部，不待部隊接防，尅日取捷徑，趕赴大渡河築碉布防；扼守自安慶壩不含以下，大渡河北岸全線，主力控置富林。

二、劉文輝部，除原駐康、巴，及大渡河部隊不計外。應以有力部隊，固守西昌、會理待援。並另派一部，擔任自安慶壩含，經擦羅、三道橋、大營盤、大橋、冕寧、凹古腳、河邊、沙壩、施珎至集福場之線；扼要築碉防守。並左與楊部，右與雅礱江孫渡部，切取連絡。

三、龍雲應以薛岳部之吳、周、李各縱隊，迅速渡過金沙江左岸，向圍攻會理之匪夾攻，以解會理之圍。另以孫渡縱隊，取捷徑至鹽邊、鹽源，及其以北，沿雅礱江西岸，築碉防守。並在永仁、元謀各縣，金沙江右岸，築碉嚴防匪之西南竄；左翼與劉文輝部切取連絡。

四、著郭勛祺師，尅日由昭通開至犍為策應。

五、著陳萬仭師，以主力集結宜賓附近，一部留駐瀘
　　縣。穆部開赴雷、屏。魏部駐防敘永附近，肅清南
　　六屬土匪。

　　匪圍會理，屢掘地道，用藥轟炸城垣，經劉元唐督
部與之肉搏。並于十五日斃匪千餘；而空軍又逐日轟
炸，其城遂得保全。十六日，進犯西昌之匪，陷半站
營。次日，陷德昌，會理因以解圍。十九日，匪一面圍
攻西昌，一面北陷禮州。二十一日，委員長由昆明復飛
蒞貴陽。是日，李縱隊到會理，即跟匪追剿。二十五
日，吳縱隊梁師，在會理北之白菓壪，餘部在會理。周
縱隊進至距寧南一百二十里之普格以北地區，向西昌前
進。郭勛祺師，則于二十二日，到達宜賓。（附圖十）

第三章　阻絕朱毛與徐匪合股及清剿經過

五月初，徐匪在川北，大部竄踞清溪河左岸，且有一部西犯土門。朱、毛殘匪，在滇東由嵩明向武定、元謀竄走，企圖渡過金沙江，與徐匪合股已明。三日，為預防兩股匪會合起見，令各部趕辦下列各事：

一、雅安由劉文輝負責，趕築廣大之飛機場，限月底完成；其場幅，或六百米見方，或八百米見方，均可。

二、松、理、茂、懋，及雅、寧（西昌）各屬地區，應擇戰略戰術上之各線、各點，如雷波、昭覺至西昌，至會理，與沿大渡河、雅河各線，及各重要城、鎮、隘路口，均須趕築碉堡工事。

三、對上列各地區之土番夷人，應速派員分往宣傳其土官土司，使其號召，為我所用；並令其派兵協助防剿，及堅壁清野。

四、松、理、茂、懋地區，歸鄧錫侯；雅、寧各屬為劉文輝負責辦理。

五、灌縣及水閘，應趕築碉堡，派兵駐守。

六、著別動隊總隊長康澤，立即派隊分往上列各地區，負責指揮組織民眾，及築碉事宜。

十六日，以朱、毛殘匪，竄至西昌，為防其北竄大渡河，及東北竄岷江起見，命令于下：

一、楊森所部，擔任大渡河北岸，應以兩旅防守馬烈不含富林至安慶壩之線；一旅扼守馬烈至龔咀含

之線；增築碉堡，限各部到達指定地後，五天內全線完成。餘部，隨總指揮部駐漢源，設辦事處于雅安。

二、犍為團隊，在駐軍未到以前，應先行扼要防守麻柳場含，沿馬邊河北岸，至慈竹坪含之線；趕築碉堡，限十天內完成。

三、陳萬仞部，除駐敘永一旅，限本月內，肅清川、滇邊境股匪，及酌留部隊分駐瀘、宜外。最少須以兩旅協同各該縣團隊，布防雷、屏，經聚福場、觀音堂、大乘寺、直溪，再沿岷江左岸，至麻柳場不含之線；趕築碉堡，限十天內全線完成。

　　十七日，以徐匪連陷土門、茂縣，為隔絕其與朱毛合股，並掩護交通起見，命令各部，趕築碉堡；摘要如左：

甲、應築碉線

　　1. 灌縣經崇慶至新津沿岷江縱線。

　　2. 新津經邛崍至雅安沿公路橫線。

　　3. 雅安經榮經、漢源至富林縱線。

　　4. 漢源經瀘定橋至康定斜線。

　　5. 其他，如大邑、蘆山、天全各縣城鎮之碉堡。

乙、築碉部署

　　1. 李家鈺派隊，負責構築灌縣、新津沿江線，及新津、名山不含公路線，大邑城鄉碉堡。

　　2. 劉文輝派隊，負責構築名山、榮經不含公路線，及漢源、瀘定橋、康定線，並蘆山、天全各縣

城鄉碉堡。

3. 楊森派隊，負責構築榮經、富林線。

4. 以上各線負責部隊，均須會同當地團隊構築之。

5. 康澤派員，分赴上列各地，分段擔任督促指導之責。

二十二日，又以徐匪主力，由北川方面，向茂縣西竄。為防其繞理、懋而竄雅安或康定，與朱、毛會合；令北川、土門方面之鄧錫侯、孫震、王纘緒各路軍，停止進攻，改取守勢。並令鄧部先調六團，趕赴懋功一帶布防。其餘全部，仍星夜秘密西移，置主力于雅安，分防名、蘆、天、寶之線，西與瀘定劉文輝相接。所遺清溪河防及綿防由孫部，其伏泉山以西防務由王部，分別接替。至劉文輝部，在雅安、天全、蘆山、寶興部隊，則候鄧部到後，西移康境，增厚康防。

十九日，朱毛殘匪，一部圍攻西昌，意在牽制我軍；大部經禮州北竄。二十二日，劉文輝部，守瀘沽之一營，以眾寡懸殊，失利；瀘沽、冕寧均告失陷。而生夷又因之出槽劫掠，阻礙交通。是日，委員長復由貴陽飛蒞重慶。二十三日，越嶲南之相公嶺，有匪之便衣隊，與我守山夷兵接觸。時，第二十一軍王旅，及劉文輝部，已布防大渡河完畢。此河西起瀘定以南，東止峨邊以北，自上至下，共有海耳抱、安順場、安慶壩、農場、八排、大冲、大樹堡、萬江場、臨河壩、水打壩、挫賈村、楊村、瓦空坪等十三渡口，其餘地方，均阻于

山。二十四日，匪過越嶲。次日，河南之農場、大樹堡及洗馬沽（石達開被擒地）一帶，發現匪之便衣隊甚多。而劉文輝部，擔任河防之夷兵賴營，又叛變與匪通；匪之一部，遂得由安順場竄渡，致其韓營覆沒，安慶壩為匪所占。

　　二十六日，委員長由重慶飛涖成都，參謀團隨之遷移。時，西昌之匪，已撤圍北竄；大渡河天險既失，匪即沿其上游，于二十七日，突破守猛虎崗之劉文輝部；以小股進犯化林坪，大股經廣西進犯瀘定、康定。劉部在冷竹關及雅家埂，又接戰失利；三十日，瀘定遂陷；其李團退守天全、瀘定間之馬鞍山。但其在西昌之部隊，跟匪追擊，于二十六日，收復禮州；次日，收復瀘沽；二十九日，收復冕寧。其在大渡河北岸之部隊，亦于二十九日，收復安慶壩；三十日，將犯化林坪之匪擊退，但傷亡營長以下官兵三百餘人，匪之傷亡較重。

　　楊森遵奉迭令，所部夏旅，先于二十三日到達雅安。其餘各旅，亦于二十五日以前，到達富林及大渡河北岸；並布防漢源、滎經一帶。因于二十七日，令其以兩旅兵力，協同劉部，掃清過河之匪，故劉部得以收復安慶壩。二十九日，楊部亦克乾溝、八牌。同日，又令劉文輝抽出大渡河方面部隊，馳援康、瀘。次日，以大渡河自安慶壩以下，匪情較為和緩，其主力似已由瀘定東竄，天、蘆關係重要，乃令楊森在鄧錫侯部未到以前，將雅安之一旅，開赴天全。第二十一軍王旅，開赴蘆山後，酌派部隊，推進寶興防

守；其遺防由楊森派隊接替。

三十一日，薛岳部追剿位置，李縱隊禮州；吳縱隊西昌；周縱隊在西昌南，川興堡、大石板等地區。

六月一日，以徐匪主力，似尚在土地嶺、茂縣一帶；但逐漸由茂縣進竄理番，接應朱毛。而朱毛主力，沿大渡河上游急竄；並越瀘定，似有向丹巴或金湯進竄，在懋功、理番會合之樣。我軍以阻絕其會合，及截擊其為數段之目的。除先于灌縣至彭縣北大石壩、曲山、青蓮渡、雙合場、彰明、江油、青川、平武、松潘、南坪，構築強固碉堡封鎖線，以防徐匪回竄；及在懋功、水磨溝、寶興、蘆山、天全、雅安各點，構築碉堡群，為進擊據點外。更規定部署，命令于下：

一、第二十一軍所屬部隊，除派兵一旅，尅日接守灌縣，一旅駐大邑，及控置有力縱隊于綿竹、新津兩點外。其餘，守備大石壩經大壩、綿竹、什邡、彭縣至灌縣線，及灌縣、新津、彭山線，彰明至江油含線。

二、李家鈺部，除派兵兩團，開赴理番固守外。應以全力，逐漸恢復威州、茂縣。

三、孫震所部，守備大石壩不含，經晚壩、茶坪、南華嶺、擂鼓坪、曲山、通口、香水、清蓮渡，至雙合場之線。

四、胡宗南所部，除控置重兵于平武、松潘，及江油附近三點，準備進擊外。其餘，守備江油不含，經平

武至南坪之線。

五、以上碉線，除由劉湘、胡宗南各派專員督修外。並
　　由別動隊派員，分往督促指導；統限六月刪日前完
　　成。其他所規定之碉堡線，仍照前令構築與守備。

六、王纘緒所部，在現線趕築碉堡，限十天完成後，交
　　孫軍守備；俟交防後，控置綿竹待命。

七、郭勛祺師，尅日移駐新津待命。

八、鄧錫侯所部，除派六團分赴懋功、水磨溝兩點，築
　　碉扼守外。其餘，馳赴寶興、蘆山、天全、雅安
　　各點，趕築碉堡群扼守；均限六月灰日前，完全
　　到達。

九、楊森所部，除控置預備隊于漢源外。其餘，守備
　　大渡河自襄咀經安順壩至瀘定之線，扼要築碉。
　　但須注重安順壩至瀘定段，並掃清渡河（大渡河）
　　之匪。其在天全之一旅，俟鄧部接防後，控置于
　　漢源。

十、王澤濬旅，俟鄧部接防蘆山後，及控置于邛峽、名
　　山；並構築新津、名山段，公路北側碉堡。

十一、劉文輝所部，除參加追擊（朱毛）部隊不計外。
　　　其餘，固守瀘定、康定一帶；並控置主力于瀘
　　　定附近，以待追擊隊趕到夾擊；但須兼顧扼守
　　　通丹巴、金湯兩路之要點。

十二、薛岳所部，李縱隊由冕寧經大橋跟匪窮追。吳、
　　　周兩縱隊，由越嶲出漢源，準備尋匪迎擊。

　　三日，徐匪大部，在茂縣附近，其已過岷江之一部，乘虛先李家鈺部而占理番；並竄至其西之雜谷腦。六日，占撫邊。八日，又乘虛先鄧錫侯部而竄占懋功。

　　二日，化林坪當面之朱毛殘匪，約有四千；且有一部竄至其東之飛越嶺，該兩處守軍，均為劉文輝部袁旅，與匪激戰四日，卒因傷亡過鉅，退守漢源。同日，另有匪約四千，由涼風埡進犯漢源，經楊森部于三日在富庄、猛虎崗等處，擊斃千餘，殘匪向瀘定方面竄走。同日，蒲麥地方面，有匪大部進犯滎經道上之新廟場，楊部先進駐該處之一團，轉移小河場固守。四日，令楊森先穩固自天全經滎經、漢源至富林之線，以待薛岳部到達夾擊。五日，匪由滎經以西，向天全北竄；六日，到始陽附近；七日，陷天全，並占始陽。而蘆山及其西之老場，亦有匪一部竄到。同日，劉文輝部余旅，收復瀘定；殘匪千餘，向天全竄走。後據俘匪供稱：「朱毛原企圖由瀘定直竄丹巴，因地險糧缺，及夷人阻拒，遂折向漢源，期于雅安得手後，再與徐匪合股。復因被我楊部破于富庄、猛虎崗等處，故爾北竄天、蘆。」八日，寶興失陷。九日，匪之大部，尚在天全、始陽一帶。十日，在寶興道上，被我空軍炸斃無算。但八日以匪在滎經方面，只有小部，令楊森酌留少數部隊清剿；親率主力，迅速秘密繞向天、蘆、寶方面，擇匪一點，集中力量，痛予打擊。楊森遂于十一日，親率所部四旅，鄧錫侯部兩旅，及第二十一軍一旅，由蘆山附近，向匪猛攻；十二日，收復天全；十三日，偽幹部團為楊

部夏炯旅截斷，追至寶興河岸，投河自斃者千餘，被繳械者二百餘；偽幹部團遂全部消滅。十五日，楊部進攻寶興，因地險戰至十八日，始行收復。鄧錫侯部，亦自太平場繞攻，與楊部同日到達寶興。

十六日，薛岳部李縱隊到化林坪。吳縱隊到雅安。周縱隊一部到漢源街，一部在西昌，均向雅安前進。

徐匪既先于八日陷懋功；而寶興與懋功毘連，朱毛殘匪在寶興受創後，即向懋功北竄。十九日，在懋功南，大磽磧以北地區，與徐匪合股。（附圖十一）

二十日，規定全川部署總計劃，令各部遵辦，其計劃如下：

甲、匪情判斷

徐匪以一部牽制我岷江東岸部隊，主力逐漸經茂縣西竄理番；朱匪以一部掩護其主力北竄懋功；是該兩匪，即將會合于理番、懋功一帶地區。判其企圖，稍事整理，勢必合力會攻汶、灌，進而襲取成都，以謀赤化全川；如果不逞，再向甘、青北竄，期達接通「國際路線」之詭謀。

乙、方針

我軍，以先鞏固碉線封鎖，再行覓匪進擊之目的，除于甘、青邊境，趁時宣撫番夷，堅壁清野，築碉設防外，對川西北地區，應限期鞏固各縱橫碉堡封鎖線，並分集重兵于要點，防匪進犯，及準備爾後之進剿。

丙、縱橫碉堡封鎖線

一、現陣地線。

二、河川線。

三、主要橫線。

四、其他支線。

以上各線、地；關于碉堡設計，構築，守備，及負責督修人員；另行擬定計劃書施行。

丁、兵力部署

一、胡宗南部，除守平夷堡經松潘、平武至江油原陣地線；及平武、文縣，松潘、南坪、重華堰、江油三支線外。著攻茂部隊，提前趕築松潘至平夷堡段之碉堡；俟完成後，續向茂縣進攻。為此時，我第二、第六兩路部隊，已占北川時，則應先與第六路會築鎮坪經白草場至北川之碉堡線，然後再攻茂縣。但白草場含歸第六路。並將主力逐漸集結松潘附近待命。

二、薛岳部，除李縱隊第五十三師全部，分駐康定、瀘定外。周、吳兩縱隊，應即開集雅安，再按情況待命轉移。

三、第二十一軍，除以一部擔任築碉，及分防後方，並以王纘緒部三旅，集結廣漢、新都間，另以三旅，集結綿竹；范紹增部兩旅，集結成都附近；郭勛祺部，集結新津；陳萬仞部兩旅，集結樂山；王澤濬旅，集結大邑；待命調遣外。其餘部隊，應守江油含至綿陽，及大石壩含大壩、漢王場、紅廟場、觀音堂、寶興場、弘口、灌縣、汶川與漩口之線。並暫分守大石壩至南華嶺，及萬家坪至

雙河場均含之碉線。

四、鄧錫侯部，應以謝無圻部六團，扼守水磨溝
至懋功；其餘防守漩口、水磨溝經萬家坪、雙
河場至寶興之線。但依照現時情況，著先以駐
水磨溝程資民部三團，扼築漩口、水磨溝、萬
家坪；及林翼如、周世英兩部，同時構築雙河
場、大川場、寶興兩段碉堡。並以李競芳部三
團，劉萬撫部兩團，王含光部兩團，分段趕築
新、雅公路碉堡；俟架成後，即以一部防守公
路線，其餘轉移增厚雙河場至寶興段之防務。
但劉耀奎部赴懋之三團，照常逐段築碉前進。

五、孫震部，除集兵九團，控置安縣附近外。其
餘，應守雙河場、青蓮渡、通口、曲山、伏泉
山、擂鼓坪、南華嶺、茶坪、橫梁子、大石壩
不含之線。依據現時情況，著暫守南華嶺不含
以東碉線。

六、李家鈺部，應以全力向威州、雁門關、茂縣如
期進攻，更番築碉推進。

七、楊森部，應以全力續向寶興、懋功一帶，跟匪
窮追，更番築碉前進。

八、劉文輝部，除酌調部隊，開赴雅安，布防
天、蘆、寶一帶，築碉防守；及任各地原防；
並肅清防區內之散匪外。其大部，應以六團
兵力，防守丹巴；並由丹巴部隊，抽派有力
之一部，進駐崇化、綏靖，屯糧築碉固守。
另酌派駐康部隊，在道孚、鑪霍、甘孜、鄧

河一帶，堅壁清野。

九、以上各部，除經電令規定限期部隊不計外。其
　　餘，按照任務難易，限六月底至七月半，一律
　　達成任務；並由其總指揮，于每星期日，切實
　　詳報其進展程度勿誤。

十、孫元良師，駐奉節、萬縣，及其南岸；擔任布
　　防。何知重、柏輝章兩師，開赴涪陵、南川一
　　帶。沈久成師，暫駐敘永。

十一、後方各地，由劉總司令酌派部隊，劃區守
　　　備；並派員負責主持，及澈底清剿區內之
　　　散匪。如何劃區？詳細繪圖具報。

戊、指導要領

一、在構築碉堡線未完成以前，如匪向綿竹、彭縣
　　進犯，則以綿竹及廣、新間部隊迎擊，新津部
　　隊側擊，樂山部隊進擊。如匪向灌縣、大邑、
　　邛崍進犯，則以新津部隊迎擊，彭、新部隊側
　　擊。如各碉堡線完成後，匪不來犯；則我一面
　　順岷江縱貫，先肅清岷江東岸殘匪；並以松潘
　　部隊，進出麥雜，向匪壓迫。另以：
　　　1. 寶興附近部隊出懋功；
　　　2. 新津部隊出大邑、水磨溝；
　　　3. 綿竹及廣、新間部隊出威州、理番；
　　　　分向該匪進擊。

二、集結使用各部，在未奉命以前，應在駐地一面
　　積極整理，嚴格訓練；一面增強其附近碉堡線
　　之守備。

三、前線守碉部隊，除固守陣地線外。應多派偵
　　探，分赴遠方偵察。並設法選編多數小部隊，
　　三、五十人為一組，逐日分向匪區游擊或襲
　　擊；掩護大部，逐段推進築碉，逐漸縮小匪
　　區。至其分向匪區游擊，與逐段推進築碉之計
　　畫，須註明其地點，與推進之日期，令由各該
　　軍總指揮，限期呈報為要。如胡宗南部，應由
　　楊柳壩、大橋、舊堡子、徐塘堡、李家壩、豆
　　口寺之線；許紹宗、彭誠孚部，向陳家壩、北
　　川之線；孫震部，向北川、蔡家咀之線；王纘
　　緒部，向墩上、土門之線；協同進逼；統限本
　　月感日前，達成任務具報。

四、鄰近碉線，務須盡量鞏固，多築碉堡，加強副
　　防禦；前線完成，繼續在其後方，構築重層碉
　　線，形成碉堡地帶；其他各碉線，可先構築要
　　點，次築中間連絡碉堡，以後逐漸增加強度；
　　其築碉要領，另定之。

五、後方各地碉堡，由駐軍會同團隊，合力構築。
　　其無軍隊各地，應由團隊民工構築。

六、所有應築之碉線，除分段派定部隊，負責構
　　築外。並須派員分段負責督修；再由別動隊
　　派員分段負責指導與督促；期能適合應用，
　　如限完成。

　　同日，又令諭各部，重申碉堡之利益；並頒布川省
碉堡構築計畫，如左：

查朱、徐兩匪，（自朱毛與徐匪合股後文電悉簡稱朱徐）以窮蹙之餘，成合股之勢，企圖在川、甘、青、康邊區，創造新根據地，負固一隅，乘機竊發；且有打通「國際路線」之陰謀。我軍今日剿匪，實為國家、民族，存亡之所繫；責任何等重大。若不乘匪竄踞窮荒，糧、彈缺乏之時，加以碉堡封鎖，早竣事功，則後患有不堪設想者。而此剿匪之成功與否？全在碉堡封鎖之是否努力為斷。徵諸前清平捻之成規，與最近贛、閩圍剿之經驗，此等碉堡封鎖，實為當務之急。

我川中各路軍，對于剿匪作戰，多本成法；以攻擊為能事，以工事為死物。各戰地散兵壕掩體，尚不多見，遑論碉堡？足徵一般官兵，經驗不足；與其高級長官，督率不嚴也。而各地民眾，亦不明利害所在；距匪近者，逃避一空，工料均感困難；距匪遠者，則以禍不切己，敷衍了事；如此，何以收碉堡封鎖之效？瞻念前途，實深憂慮！故不憚辭費，將此碉堡封鎖之效用，為我軍民人等詳告之：

匪所用者小槍，既難擊遠，又不能攻堅；無論用土用磚築碉，均可以資掩護，便官兵心意安定，氣為之壯；一利也。

匪常乘我不備，暗來襲擊；而此等碉堡，就地取材，構築容易；即行軍之日，到達宿營地後，應乎情況，連夜趕築，亦可確收效果；二利也。

我以碉堡封鎖線，縱橫參錯，羅列成網；並逐段向前推進，縮小匪區；或在封鎖線後方，重層構築

碉堡地帶，若匪突破第一道，仍有第二、第三道可守，使其進退維谷，自不難一網打盡；三利也。

匪如來犯，利用槍眼依托，以行射擊，則效力自大；且可使匪望而生畏，不敢輕率來犯；四利也。

碉內可先屯積糧彈，隨時補充；持久抗戰，不虞困乏；五利也。

各守碉兵，雖止一班，無論匪如何圍攻，亦能獨立與抗。且匪愈多，則我之火力愈有效；匪愈近，則我之瞄準愈精確；以少數之守兵，而能制大多數匪之死命；六利也。

各碉守兵一班，每里一碉，則七、八里只須一連；推之一團，即可擔任百里之防線。以此節約兵力，控置于所希望之地點，以行機動；七利也。

各地民眾，協同軍隊，一致動員構築碉堡以自衛；並將糧食存貯其中，完成堅壁清野之工作，則匪裏脅無從，掠食無所，自易崩潰；八利也。

一般防守地帶，多係高山峻嶺，人煙稀少；利用碉堡舍營，足蔽風雨，較之散兵壕掩體為適宜；九利也。

惟其中尚有應注意者，即築碉應將母碉與子碉，分布成群，錯綜配列；每群內之碉，須彼此互相側射；若能將碉位聯成三角點，特為有利。而每碉周圍，須設副防禦以護衛之；最忌孤碉獨峙，又無副防禦，則效用微，而固守難矣。

凡我軍隊與民眾，應本有匪無我，有我無匪之決心，依照碉堡封鎖要義，各就其所在地區，完成其

應築之碉堡。勿苟安，勿畏難，竭全力以赴之；則所以保全身家者，在此；殲滅殘匪者，在此；即所以復興民族國家者，亦在此；望勿輕忽視之。

附碉堡構築計畫如下：

甲、各縱橫碉堡封鎖線

一、現陣地線

　　1. 主線，由寶興經大川場、雙河場、萬家坪、水磨溝、漩口、灌縣、寶興場、大石壩、南華嶺、伏泉山、漩坪、曲山、通口、青蓮渡、雙合場、中壩、江油、平武、松潘至平夷堡。

　　2. 支線，

　　　　一、灌縣經巴郎山向懋功推進線。

　　　　二、寶興經達維向懋功推進線。

　　　　三、汶川、松潘分向茂縣對進線。

　　　　四、江油至北川線。

　　　　五、北川、鎮番堡對進線。

二、河川線

　　1. 岷江線，自松潘沿岷江至宜賓，與長江合流之點止。

　　2. 沱江線，自灌縣沿沱江至瀘縣，與長江合流之點止。

　　3. 涪江線，自平武上游之水晶堡沿涪江至合川，與嘉陵江合流之點止。

　　4. 嘉陵江線，自文縣上游紫門關沿白水河至昭化，再沿嘉陵江至巴縣，與長江合流之

點止。

5. 渠河線，自巴中沿南江水入渠河，與嘉陵
江合流之點止。

6. 雅河線，自雅安沿雅河至樂山，與岷江合
流之點止。

7. 大金川線，大渡河線；自綏靖、崇化、丹
巴沿大金川、大渡河至樂山，與岷江合流
之點止。

三、主要橫線

1. 第一橫線，由灌縣經彭縣、什邡、德陽、
羅江、綿陽、梓桐、劍閣、昭化、廣元，
至寧羌止。

2. 第二橫線，由康定經瀘定、漢源、雅安、
名山、邛崍、新津、雙流、成都、趙家
渡、中江、三台、鹽亭、南部、儀隴、巴
中、南江，至寧羌止。

3. 第三橫線，由樂山經仁壽、簡陽、樂至、遂
寧、蓬溪、南充、蓬安、營山，至渠縣止。

四、其他支線

1. 通、南、巴線。

2. 劍閣、重華堰、江油線。

3. 青川、平武線。

4. 松潘、南坪至文縣線。

5. 平武、文縣線。

6. 江口、蘇碼頭至趙家渡線。

7. 雅安、寶興、蘆山、天全線。

8.雙流、溫江、郫縣、新繁、新都、成都附
郭線。

五、以上各線除經規定築碉部隊，限期完成不計外。

1.灌線沿岷江至樂山段，

2.樂山、仁壽至遂寧段，

3.趙家渡、鹽亭至巴中段，及南江至寧羌段，

4.沿沱、涪、嘉、渠四江與長江合流點止之
線，統歸劉湘派員增築。

又廣元至寧羌段，歸駐昭、廣部隊，負責增築。
大金川自綏靖起，經丹巴、大渡河至樂山沿河
線；及康定至雅安、天、蘆、寶段；歸劉文輝派
隊負責增築。平武、文縣段，歸胡宗南派隊負責
增築。統限七月十五日以前，一律完成。

乙、各縣城鎮鄉村碉堡概數

六、凡各縣縣城，除須修繕城垣壕溝外。應在城外，
視縣之大小，構築碉堡十二座至二 十四座。

七、各縣鄉場，及政治、經濟中心，或有關戰略之
地點，須構築碉堡六座至十二座。

八、各縣已成、未成之碉堡，限六月底以前，繪
圖、列表，分呈備查。

丙、構築要領

九、碉堡封鎖線，約隔一里，築一子碉；三里築
一母碉；但須先築母碉，後築子碉。又凡在主
要碉堡線，確能封鎖無弊時；須再在其後方，
繼續增築碉堡地帶，俾逐漸擴充至多條封鎖線
後，匪如進入我封鎖線內，既不能後退，又不

能前進，可完全殲滅之。至構築碉堡群地方，
應子母碉兼築。山上有母碉，山下一定要有子
碉，以便互相連繫與側防。

十、每線碉堡所經地方，無公路者，須沿縣道構
築；有公路者，須沿公路兩側構築；橋梁須築
橋頭堡。

十一、沿河流碉堡，須沿河兩岸分築；其渡河點，
徒涉場，及河幅較狹部分，均一律構築碉
堡群。

十二、築碉原則，在多不在大，重密勿偏重堅固；
碉堡容量，以能容兵一排為主，班碉為輔；
並一律加築副防禦。

十三、構築碉堡，民工材料，就地徵集；木石泥
瓦工匠，由地方公款項下，酌給火食，不
給工資。

十四、防守城池或市鎮碉堡，其位置選定重要條
件，

　　1. 能防止匪之來攻，位置適當衝要；

　　2. 射界較廣，能施行掃射；

　　3. 要互為側防；

　　4. 視界遼闊，指揮官能監視指揮。

十五、封鎖市鎮及村落；其封鎖之圍牆，務須加
高加厚，外壕務須加深加寬；並作射擊之
設備（即槍口）。又須利用民房之凸出凹
進部分，施行側防；其灣曲之緊要處，須
接著封鎖牆之外圍築碉。

丁、查碉

十六、凡構築碉堡線，及村鎮地方碉堡，應各別分
　　　段或分區，派定專員，負責指揮、督促。

十七、指導督促人員，務須切實督察，隨時糾正，
　　　如期完成；並繪具詳圖、列表，呈報備查。

戊、守備

十八、封鎖線及市鎮碉堡完成後，應由軍隊或民
　　　團，分別負責守備。通常，前方歸軍隊守
　　　備；後方由民團守備。凡守備碉堡，應擇
　　　要儲存至少十日之糧食、飲、燃料，及必
　　　要之彈藥。

十九、守備碉堡部隊，劃分區域時，該各守備部
　　　隊，須靠據點駐紮；不可將大多數兵力，
　　　集結于城內。只可藉城池為防禦核心，留
　　　少數部隊為查街瞭望之用。

二十、守碉部隊，不可專只守碉，應向碉外輪流
　　　游擊。

二十一、凡守碉之部隊各級長官，及民團負責人員；
　　　　均須平時將全般之地形，及我之工事位
　　　　置，察看熟悉；以便夜間有警報時，得以從
　　　　容應付，並得傳達迅速，聯絡容易為要。

二十二、守碉之部隊民團，應于平日擬定匪襲之各
　　　　種想定，隨時演習研究；其不合要領，或
　　　　違反規定，應分析講評，以矯正之。至于
　　　　夜間射擊之要訣，及射擊距離之測定，尤
　　　　須于平日各就地形，勤加研究、訓練，切

實施行；務使各個士兵，均能發揚射擊之
效能。

以上川省碉堡構築計畫實施後，各部及各地方，均
能認真辦理。雖有因工料徵集困難，不能依限完成者；
但截至八月十五日止，各線及各地碉堡，總共完成一萬
四千八百餘座。比較前此江西全省所築碉堡，尤為迅速
而多至二百餘座。

楊森部克復寶興後，仍跟匪追擊，二十日在鹽井坪
附近，將朱毛殘部擊潰，並獲偽五軍團之偽參謀長。徐
匪一部，則于是日陷崇化，並在北川城附郭，趕築工
事，企圖頑抗；但我孫震、王纘緒兩軍之各一部，均由
漩坪渡河，向北川攻擊前進。

二十一日，令薛岳，著該部除李縱隊第五十三
師，仍防守康、瀘一帶外。其吳、周兩縱隊，應自
二十五日起，分由雅安、名山一帶，開赴綿陽、江油
一帶，集結待命。

二十二日後，北川方面之徐匪，陸續西竄茂縣；而
其大部先在茂縣、威州地區者，更西向理番、懋功竄
走。二十五日，王纘緒部，進擊大堰口、千佛山、觀音
梁子等處，激戰至三十日，因係仰攻未下；但北川負隅
之匪，頗受威脅，因以上各處，均在其後側也。

二十六日，以前此封鎖朱毛，曾迭令劉文輝，督部
切實構築金沙江及大渡河沿岸碉堡，限期完成；並據先
後電復遵辦。嗣經查明其部屬一味敷衍，致使朱毛自由

竄渡，未收聚殲之效；乃通令將劉文輝記大過一次，帶罪圖功；並令其將各負責長官，查明嚴處。自是，各部關于匪情文報，無不確實之弊矣。

二十八日，頒布甘青邊區碉堡封鎖線構築計畫，摘要如左：

甲、匪情判斷

朱、徐兩匪，現已會合于理番、懋功一帶，窮荒僻壤，環被封鎖，一切無所取給；稍事休息，自必另謀出路，判其企圖：

一、經隴南或青海向西北，打通「國際路線」。

二、東向岷江，西向大金川，磨旋繞竄。

三、以理番、懋功為新根據地，漸圖發展。

以上三者，以第一項公算為多，最堪注意。

乙、地形考查

一、黃河天然險要，沿岸只有皋蘭鐵橋，與循化、貴德兩木橋可通；此外，全以牛羊皮筏過渡，既無船隻，又難徒涉，防守極易。

二、洮河流域，為甘省最富饒之區；而與匪尤為接近；天水至皋蘭，交通稱便；此兩線均關重要，應特別注意。

三、西寧河在黃河後方，水流較小，然亦不可忽視。

四、臨潭、導河、夏河、共和等縣，及哈拉庫圖；均係物產較豐，人煙稠密之所，民族性甚強悍，應利用之，以堅壁清野。

五、果洛五大族，及玉樹二十五族，游牧為生，帳
幕隨行，遷徙極便。從玉樹以西，均屬軟地，
遼闊千里，斷絕人煙，可無顧慮。

丙、碉線

以皋蘭為中心，分為兩線配備，另扼要構築碉堡群。

一、第一線

  1. 沿黃河北岸，從皋蘭對岸起，經西靈寺、香
阿堂、金剛城、沙冲寺、貴德至龍羊峽。

  2. 沿洮河東岸，從古城起，經曼坪、洮沙、
臨洮、至岷縣；又分兩線：西沿包座河至
松潘；東經西固、松坪寨、南坪，至松潘。

二、第二線

  1. 從皋蘭起，南下，經金家崖、稱鈎馹、定西、
隴西、武山、伏羌，沿渭水北岸至天水。

  2. 沿西寧河，從新城對岸起，經黑咀子、享
堂、高廟子、碾伯、張七宅、西寧至湟源。

三、碉堡群，甘屬之永清、臨夏、臨潭、夏河；青
屬之循化、貴德、共和，及哈拉庫圖等處；均
應構築固守。

丁、負責部隊

一、第一線

  1. 沿黃河線，屬甘境者，歸朱總司令酌派部
隊；屬青境者，歸馬步芳師；由西寧推進，
分別負責構築。以後，全線歸馬師長督部
防守。

  2. 沿洮河線，從古城、臨洮，由朱總司令派

第三軍之一師擔任；第三軍軍部，進駐臨
洮。由臨洮不含經岷縣至臨潭，歸魯大昌
師；岷縣不含至松潘之兩線，均歸胡宗南
縱隊，分別負責構築防守。必要時，由朱
總司令派兵協助。

二、第二線，從皋蘭至天水，歸第六師派一旅；
沿西寧河，歸馬主席（麟）酌派部隊；分別
負責構築，防守。

三、各縣城鎮應築之碉堡群，屬甘境者，歸楊、黃
兩保安司令；屬青境者，歸馬主席；派員分別
負責辦理。惟臨潭、臨夏、夏河一帶，能派馬
鴻賓師，前往增防更善；須由朱總司令酌辦具
報。其果洛五大族，及玉樹二十五族，應由馬
主席轉飭同仁、同德保安司令，酌量情況；或
修碉固守，或率領遷徙，仍須將擬辦情形，先
期呈候核奪！

七月一日，孫震部收復北川；次日，楊森部占領鹽
井坪、大礄磧，各有斬獲。四日，耿達橋西之匪，被鄧
錫侯部擊潰。時，理、茂方面之匪，漸向松潘北竄。岷
江沿線，李家鈺部，守板橋以南；胡宗南部，由松潘南
進，占領平夷堡。松西，相距二百五十里之毛兒蓋，有
胡部一營駐守；但自八日起，即被匪圍攻，終于二十一
日，與匪脫離歸還松潘。十四日，其李旅與匪戰于哈龍
岡西，次日占領之。十五日，王纘緒部，攻克大堰口、
千佛山、觀音梁子等處；次日，又克墩上、土門；而李

家鈺部，亦攻克板橋；並于十八日克威州；均斃匪甚
多。時，彭誠孚師之一部，進至北川以北之白草場；而
王部亦于攻克大堢口等處後，由片口以南，進至乾溝；
其當面之匪，均向茂縣竄走。但松北之洞堢，有匪一部
竄到，勢將進犯松潘。

十八日，頒布川甘邊區殲匪計畫大綱，如左：

第一、匪情判斷

現朱、徐兩匪，各派一部，竄至毛兒蓋、哈龍岡、羊角
塘、班佑一帶，企圖襲取松潘。原距北川、墩上各處股
匪，已向茂縣撤退；威州、茂縣間之村莊，全被匪焚
燬。依據匪之過去行動，均係避實攻虛；且青海南多屬
軟地，類皆不毛；勢可判斷該兩匪，先各以一部份，向
毛兒蓋、阿壩探進；其餘，必跟續分途北進。並以大部
經毛兒蓋，進竄岷縣；一部經阿壩，進竄夏河；期達越
過洮、黃兩河，接通「國際路線」，或由隴中竄向陝
北、寧夏，與陝匪合股；如其不逞，仍回竄川北。

第二、方針

我軍以防止該匪，越竄黃、洮兩河，並在臨潭、臨夏、
夏河、同仁間，將其聚殲之目的，應先鞏固隴南最前線
之碉堡，即各要點之碉堡群；並施行堅壁清野之準備。
一面集結兵力于適當地點，以為待機出擊之用；同時，
川境抽出部隊，分途追擊。

第三、指導要領

甲、碉堡封鎖線，除在川境，仍照規定各線，築碉守備
　　外。其在隴西、隴南方面者；如黃、洮兩河流域封
　　鎖線，應趕速完成；並以岷縣經西園至松潘一段，

尤為重要。對于臨潭、臨夏、夏河、同仁各點碉堡
群，亦須趕速嚴密，鞏固、防守。

乙、守備部隊

一、第三軍王均部，守洮河沿線，自古城經臨洮至
岷縣含；主力控置于岷縣，並派一部守臨潭。

二、第五十一軍于學忠部，守天水、甘谷、武山、
隴西之線，主力控置于隴西。

三、胡宗南部，守岷縣、西固不含，經南坪至松潘
沿線，主力控置于松潘。

四、青、寧之馬部各師，大部守貴德、循化、皋
蘭、沿黃河線；及臨夏、夏河、同仁各要點；
主力控置于臨夏。其在甘、青、寧境後方各
線，由朱紹良遞次派隊，及會同民團築碉守
備；但對于海原、固原、平涼、涇川，與豫
旺、環縣、慶陽、寧縣、邠縣二線；更應特
別注意。

丙、追擊部隊

一、第四十五軍，以六團編為第一追擊隊；出懋
功，向撫邊、阿壩、齊哈瑪寺。

二、第二十一軍，以九團編為第三追擊隊；出耿達
橋，向理番、毛兒蓋、班佑、桑雜。

三、新編第六師李家鈺部，以九團為第五追擊隊；
出威州、茂縣，向鎮坪、松潘。

四、暫編第二師彭誠孚部，為第七追擊隊；出白草
場，向鎮坪追擊。但各路均分兩梯隊，更番推
進。並由彭部負責肅清岷江東岸之殘匪。

丁、預備部隊

以楊森部推進于懋功後，即控置于該地。郭勛祺
師，控置于新津。王纘緒大部，控置于綿竹。薛岳
部，控置于平武。

十九日，有匪六、七千，由洞堁沿窗河進犯松潘，
將我毛牛溝之新陣地突破，距松城不過十里。次日，李
家鈺部，由威州進克文鎮；王纘緒部，由乾溝攻擊前
進，于二十三日收復茂縣；自此，岷江東岸平。

二十四日，楊森部，占領達維，仍繼續前進，于
二十六日收復懋功，斃匪千餘，俘獲亦多；但該部陣亡
官兵二百餘人，傷八十餘人。是日，劉文輝部，收復崇
化；並破綏靖、黨壩之匪，其殘匪向撫邊竄走。時，朱
徐殘匪，大部竄集理番北之窗河、黑水河一帶，及松潘
西北兩方，松潘情勢，極為嚴重；乃令薛岳部，星夜接
江油、平武之防，俾抽出胡部，前往應援；令胡宗南督
部乘時痛剿。甘南方面，王均部，已在洮沙、臨洮、和
政、西固、定西，築碉布防；魯大昌師，已布防岷縣、
臨潭，主力集結岷縣。

二十六日，匪又停止進犯松潘，以一部沿窗河、毛
兒蓋、黑水河築工，以牽制我軍；大部則由七布七寨、
壞口一帶，分向班佑（距松潘二百三十里）、阿壩（距
松潘六百里）北竄。當為接通松、茂，並肅清岷江東
岸散匪起見，令：李家鈺部，由茂縣向松潘逐段築碉推

進，接替胡部在松南沿江之防；但茂縣至汶川、灌縣沿
江碉堡，仍歸李部守備。孫震部，加強鄧家渡至江油碉
線；並構築江油至平武，沿涪江西岸碉堡。北川至鎮坪
碉線，及其以東之散匪，歸彭誠孚師負責；北川至茂縣
碉線，及其以北散匪，歸王纘緒部負責；分別趕築與
肅清。是日，薛岳部，接守平武、古城、舊州各地，
仍令其俟孫震部開到後，向平武、青川、文縣一帶布
防。三十日，馬步芳部，已在黃河以南、臨夏、夏河、
同仁及黑錯，布防完畢。松北毛牛溝、包座（距松潘
二百五十里）、阿西茸之線，胡部仍固守並加強工事
中。匪之大部，似仍徘徊于窗河、七布七寨及峨眉十五
寨一帶；其在理番之一部，經大秋地、二道坪，向鷓
鴣山北竄；並另有一部踞卓克基。至班佑地方，尚未
發現匪蹤。後據俘匪供稱：「是時，朱、徐各匪，正
從事整編中。」

三十一日，以匪情尚未明瞭，我軍首宜鞏固松潘等
處防務；乃令：胡宗南部伍、楊、陳三師及王旅，以一
部築碉鞏固樟臘、南坪、西固封鎖線，主力控置于南
坪、郎蓋間；其餘，第一師及兩補充旅，以一部守松潘
附近各現陣地，及木瓜墩不含至松潘線，主力控置于松
潘附近，不必派隊至包座。薛岳部吳縱隊，以一部接守
平武至木瓜墩線，主力控置于平武；周縱隊大部控置青
道口、青川、碧口間，其第十三師防守寧羌及廣、昭、
碧線。孫震部，擔任平武不含經舊州、江油、綿陽、青
蓮渡、鄧家渡、北川至金川溪一帶之防。其他，楊森

部，已進至撫邊對岸。鄧錫侯部第一追擊隊，已進至鹽井坪；並向理番追剿。

　　八月六日，匪由較場壩襲我松潘之包子寺陣地，經胡部迎擊，激戰至次日，將匪擊退。八日，楊森部收復撫邊。十三日，匪犯松潘，又被我擊潰。十六日，峨眉十五寨方面之匪千餘，向大藏寺進犯，番兵接戰，失利；十八日，大藏寺陷。同日，查理寺（距阿壩九十里）亦不守。次日，理番、雜谷腦、大秋地等處之匪，均向西北進竄；番兵放棄阿壩。二十日，鎮江關附近零匪，渡岷江西竄；胡部游擊隊到達鎮坪。次日，第三追擊隊范紹增部，收復理番；而鄧部之第一追擊隊，亦同時到達。自此，川省之縣城，無一有匪盤踞。

　　二十一日，匪陷阿壩。二十三日，茂縣以下，岷江西岸肅清。胡部占領較場壩、紅雜及羊角塘等處；並有一團，進駐包座。次日，松北之匪進犯班佑，經番兵擊斃甚多。二十五日，松潘兩側之匪，開始退竄。次日，班佑陷；胡部游擊隊到達窗河西之哈龍岡。二十七日，鄧部第一追擊隊，進克理番西之危關、雜谷腦。次日，胡部追擊隊，進克毛兒蓋，斃匪甚多，俘二百餘；其西之麥雜亦無匪蹤。二十九日，匪千餘，竄至阿西茸（包座北四十里）附近各番寨，並攻我該處及求吉寺陣地。次日，阿壩、班佑之匪，分向若兒蓋（距班佑三百七十里）及索克藏（距班佑一百二十里）移動；我第四十九師在包座附近之黑烏龍，與匪遭遇戰，失利；頗有損

失，撤回樟腊西北之兩河口。但若兒蓋十二部落，與班
佑等處番兵萬餘，雖器械不全，均為我用；而丹、綏、
崇、懋等縣之漢夷民眾，協剿亦力，其團隊尤為奮勇，
先後共斃匪數千。加以空軍逐日飛往轟炸，斃匪亦多。

三十一日，以朱、徐兩匪，自六月合股後，即被我
軍封鎖于岷江以西，大金川以東，懋、灌以北地區；兩
月以來，雖時向松潘、綏靖、阿壩進擾，均係其一部試
進偵察性質，其主力仍踞黑水河一帶，伺機行動。但經
時既久，糧食漸罄，終謀出路，勢所必然；證以過去匪
情飄忽，聲東擊西之行為，此時又難判其一定之竄向。
惟不竄則已，如圖突竄，當不外東、西、北三方。為誘
導該匪于草地，絕其衣食，聚而殲之起見，乃就匪踞
原地，及竄東、北、西三方，規定部署，命令各部，
如次：

甲、對匪踞黑水河一帶原地之部署：
　　一、李家鈺部，接通松潘，嚴密封鎖岷江，堵匪
　　　　東竄。
　　二、甘、青邊區守備部隊，一律增強原來碉堡工
　　　　事，嚴密封鎖，堵匪北竄。
　　三、劉文輝、李韞珩在大金川部隊，向綏靖、綽斯
　　　　甲以北延伸，嚴密封鎖，堵匪西竄。
　　四、鄧錫侯部，抽集後方六團，第一步會同范紹
　　　　增部，接通關口，連成懋、理封鎖線；第二
　　　　步會同楊森部，接通虹橋，連成兩河口、理
　　　　番封鎖線；其追擊隊出兩河口，向卓克基、

壞口壓迫。

五、范紹增部追擊隊，會同鄧錫侯部，接通關口
後，即向大秋地轉進；爾後，向黑水河上游
壓迫。

六、楊森部，第一步會同鄧錫侯部追擊隊，進攻兩
河口後，即轉向虹橋，沿撫邊河築碉封鎖。
上列四、五、六等三條，均係逐段推進，連成
嚴密封鎖線，堵匪南竄。

七、胡宗南部，以一部鞏固守備松潘、南坪、西
固原線，主力集結于松潘，隨時準備進出于岷
縣、臨潭西北地區，截擊北竄之匪；一面仍須
多組游擊隊，向匪游擊伴攻。

八、王均部，主力集結于岷縣附近；其臨洮、臨夏
一帶，歸第八師毛秉文部接防。

乙、對匪向松潘以北，東竄之部署：

一、胡宗南部，除以一部固守原線外。主力出松
潘，向匪截擊。

二、薛岳部，周縱隊除以一部守備寧、廣、昭原線
外。主力集結于平武待命。

三、范紹增部追擊隊，出大秋地，向匪追擊。

四、鄧錫侯部追擊隊，出兩河口，向匪追擊。

五、王均部，出岷縣，向匪夾擊。

丙、對匪向甘、青北竄之部署：

一、王均部，出岷縣，向匪迎擊。

二、胡宗南部，除以一部固守原線外，主力出松
潘，向匪追擊。

三、范紹增部，出大秋地，經毛兒蓋，向班佑
　追擊。

四、鄧錫侯部追擊隊，出兩河口，經壤口，向阿壩
　追擊。

五、甘、青部隊，嚴密堵擊，並實行堅壁清野。

丁、**對匪向綏靖附近西竄之部署：**

一、劉文輝、李韞珩沿大金川部隊，增強碉線；封
　鎖，堵擊。

二、楊森部，除以一部固守原線，待接跟追外，主
　力出撫邊，經崇化，向綏靖、卓斯甲截擊。

三、鄧錫侯部追擊隊，出兩河口，經林口，向阿壩
　前進。

四、范紹增部追擊隊，出大秋地，向卓克基追擊。

五、郭勛祺師，出雅安，移駐瀘定，相機使用。

六、王纘緒部為總預備隊。

戊、**其他：**

一、守備部隊，逐段推進；地段區分，臨時規
　定之。

二、無論匪竄何方，守備部隊，均應時向附近匪
　區，積極游擊，肅清殘匪。

三、後方部隊，應隨軍事進展，逐段向前推進，縮
　小匪區，總以穩進穩紮為主旨。

九月十五日以前，松潘西南方面；李家鈺部，于四
日進至平夷堡；鄧錫侯部，于八日克夢筆山，十日克大
秋地；楊森部，于十四日克虹橋山；劉文輝部，于五日

克黨壩。所有大秋地之匪，向壤口竄走；夢筆山、虹橋山及黨壩之匪，則向卓克基竄走。而卓克基、松崗方面之匪，自八日起，陸續向大藏寺及阿壩移動。

至于松潘西北方面，求吉寺、阿西茸均當通西固、岷縣之衝，由胡部康莊團固守；自上月二十九日起，即被匪圍攻，兩處交通，亦因而斷絕；迭經苦戰，卒于十五日，將匪擊退，並乘勝追擊，俘匪七百餘；此朱、徐兩匪合股後，在川中最後所受之重創也。時，胡部李、廖兩旅，原奉令追擊北竄之匪，三日，到達上包座以南，因第四十九師先于八月廿四日奉令由樟臘經柏木橋、上、下包座向阿西茸前進，三十日到達包座河以東之大戒寺西側，即在其他背水為陣，面向西北方面警戒，次日午後四時，偽三十軍以主力來犯，該師右翼首告失利，致牽動全局，追擊部隊乃于六日撤回樟臘以北一帶，追擊計畫，遂暫停頓。阿壩方面，約有匪萬餘，二、三兩日，經箭步塘東移；另一部，竄至麥昆帳房附近；七日，在班佑北之阿細、熱當壩、納摩寺一帶，又經當地番兵分別堵截，受創頗重。時，匪之大部，麇集包座、班佑地區，但包座之匪，有于四日，向樟臘及其北進竄之樣；八日，即有一部竄至西固以西，白龍江上游之南岸。九日，西固西之銀固花園失陷。十日，包座之匪，又大部經阿西茸，跟續向西固、岷縣北竄。同日，令川、甘邊區剿匪各軍主力集中地點，如左：
甲、現阿壩之匪，已向東移，包座之匪，一部約有萬
　　人，應向岷縣東北進竄。判其企圖，似欲乘我不
　　備，予以各個擊破；並與陝北之匪會合，造成陝、

甘新匪區。

乙、我軍以聚殲該匪于川甘邊區，並阻止其與陝北之匪
　　會合之目的；此時，在邊區各軍，除照原任碉線，
　　加強固守外。主力應趕速分別集中要點，以為主
　　力戰之準備；茲將集中地點，規定于下：

　　一、于學忠部，應嚴守隴西、武山、天水、徽縣、
　　　　略陽不含；徽縣、成縣不含之線；主力控置
　　　　天水。

　　二、萬耀煌師，任略陽、康縣、成縣均含之線，
　　　　築碉防守；主力控置康縣。

　　三、周渾元部，主力控置武都，一部防守文縣。

　　四、胡宗南部，除固守西固、南坪、松潘原線
　　　　外。主力應先控置于西固。爾後，依情況轉
　　　　進西和。

　　五、王均部，除第七師固守原防外。第十二師已
　　　　到岷縣部隊，應死守岷縣；其餘，應仍在隴
　　　　西原防。但派往協同魯大昌師，防守岷縣、
　　　　西固線之部隊，須明定守備地段責任。

　　六、以上各部主力，統限本月皓日前，到達目
　　　　的地。

　　七、毛秉文部，仍暫在固原、平涼、涇川一帶，
　　　　築碉防守。其涇川不含至邠縣之防，已由楊
　　　　虎城派隊築碉守備。

　　八、周嵒師，仍防守皋蘭、臨洮均含之線，主力
　　　　控置臨洮。

　　九、劉湘應即抽調二十團以上兵力，逐漸向江

　　油、平武、碧口推進，準備與隴南各軍，合
圍夾擊之用。

　　惟匪是否全部北竄入甘，或再回竄，未可斷定？為
求防範周密起見，于十四日令劉湘，凡最前線防守部
隊，對于指定原防，仍須嚴密築碉，力求鞏固；至追擊
部隊，不必急進；注意詳偵，穩進。次日，胡部王旅，
進占上、下包座；並跟匪尾追，其主力于二十一日到達
西固附近；至松潘防務，則由第六十一師接替。二十
日，有匪六、七千，竄至哈達鋪；岷縣與西固之交通，
因之中斷。同日，包座以南及班佑一帶之匪，均向毛兒
蓋回竄。二十四日，竄擾甘邊之匪，在岷縣以南，與我
第十二師對峙。是日，偵知前此朱、徐兩匪合股後，曾
在毛兒蓋開會，自以三、四萬之眾，麇集一隅，給養缺
乏，縱無國軍追堵，僅受飢寒壓迫，亦足消滅，遂決定
由毛兒蓋分兩路北竄。一路由朱匪率偽五、九兩軍團，
及偽九軍、三十一軍，取道阿壩，北渡黃河，向甘、青
邊區竄走。一路由毛匪及周匪（恩來）率偽一、三兩軍
團，徐匪率偽四、三十等軍，取道班佑、包座，向岷
縣、夏河方面竄走。各匪之最後目的，則為竄至蒙古，
溝通所謂「國際路線」。迨竄至包座，偽師長以上匪
官，又舉行會議；毛匪更堅決主張突出甘省，直竄蒙
古。而徐匪忽感覺前途困難，力持異議；以文縣、西固
一帶，已有國軍準備堵截，岷、洮、夏一帶，國軍又雲
集；不易突過。且路遠天寒，衣食兩缺，不易達到。加
以分為兩股，實力分散，易為國軍各個擊破；不若集中
力量，轉向南竄。由是發生內訌，毛、周兩匪，以偽

一、三兩軍團,改編為偽陝甘支隊,向岷縣竄去。而徐
匪則仍率偽四、三十兩軍,回竄毛兒蓋,與朱匪合。蓋
朱匪先未至包座也。(附圖十二)

二十五日,制定川西北邊區清剿計畫,令各部遵
行;如左:(附圖十三)

甲、大綱:

為清剿川西邊區殘匪起見,畫分邊區為五個清剿
區,每區配置兵力六團,負責肅清區內殘匪。

乙、分區

一、第一區(阿壩區):北界,以黃河為界;西
界,北自抗甲起,以大金川河流為界;南界,
東自大藏寺不含起,直西至大金川河岸止;東
界,北自齊哈嗎起,沿大度坤都崙河、噶曲
河,至大藏寺止。

二、第二區(壤口區):西界,北自噶曲河下游,
沿河至大藏寺不含,再沿熱柯河下游,南至虹
橋山為止;東界,北自噶曲河下游,沿牙摩
河,經獨爾嗎、朗墮、峨眉十五寨、橫梁子,
南至大秋地東南之古耳溝止,與第五區分界;
(線上均屬第五區)南界,東起古耳溝,經大
秋地,西至虹橋山止。

三、第三區(卓克基區):北界,以第一區之南
界為界;西界,以大金川為界;南界,西起崇
化,經兩河口,東至虹橋山為止;東界,北起
大藏寺含,沿熱柯河下游,南至虹橋山止。

四、第四區（包座區）：北界，以黃河及省界為
　　界；西、南界，北起齊哈媽，沿大度坤都崙河
　　下游東折，經廿四馬鞍腰、哈洞、兩河口（線
　　上均含）止；東界，北沿祥楚河下游，經香
　　咱、八頓、東拜，南至樟腊（線上均含）止。

五、第五區（毛兒蓋區）：北界，以牙摩河下游，
　　經廿四馬鞍腰、哈洞、兩河口（線上均含）至
　　樟腊不含之線，與第四區分界；西界，以牙摩
　　河下游，經獨爾媽、朗墮、峨眉十五寨、橫梁
　　子、古耳溝之線，（線上均含）與第二區分界；
　　東界，北自樟腊不含起，沿岷江，經松潘、茂
　　縣，至威州止；南界，東自威州經理番，西迄
　　古耳溝止。

丙、部隊：

一、第一清剿區司令官楊宗禮，指揮部隊六團。

二、第二清剿區司令官李樹華，指揮部隊六團。

三、第三清剿區司令官余松琳，指揮部隊六團。

四、第四清剿區司令官彭誠孚，抽調所部三團，
　　並指揮鄧國璋部三團，共計六團。

五、第五清剿區司令官范紹增，指揮部隊六團。

丁、搜剿路線及期限：

一、第一區部隊，即自大秋地出發，經馬塘、壞
　　口、查理寺之路，向阿壩搜剿；限十月六日
　　前，到達上壞口，交防于第二區部隊，即繼續
　　前進；限十五日前，到達上阿壩。

二、第二區部隊，隨第一區部隊後跟進，限十月六

日前，到達上壞口。

三、第三區部隊，限本月底以前，集中黨壩後，即向卓克基搜剿，限十月六日前，到達卓克基。另由第二十軍派兵四旅，經虹橋山，向卓克基出擊，占領後，即交防于第三區部隊，該軍調回改編。

四、第四區部隊，以鄧國璋部三團，在松潘集中後，即由松潘經兩河口、郎家嶺之路，向包座搜剿，限十月六日以前，到達包座。彭誠孚率其餘三團，隨後跟進。

五、第五區部隊，限本月底以前，在茂縣西北之兩河口集中後，即經白溪寨、石碉樓、蘆花之路，向毛兒蓋搜剿；須視情況穩進，如無大股，即一舉占領毛兒蓋。

戊、清剿要領：

一、各部攻擊前進，應本戰略取攻勢，戰術取守勢之要領；遇優勢之匪，則取守勢；遇劣勢者，則取攻勢。

二、各區部隊到達指定地點後，應先派隊向橫的方面搜剿，即由駐在地左右，約引一橫線，先清剿線後殘匪；最好，于此線上，構成必要碉堡工事，然後再向此橫線前方搜剿。茲大體規定各區內之橫線，如後：

1. 第一區，左由阿壩起；向右，經麥昆、郎埡、箭步塘至草區之線。

2. 第二區，由下壞口左向刷金寺、馬塘、梭

磨不含，右向峨眉十五寨不含之線。

3. 第三區，由卓克基左沿梭磨河至大金川；
右沿梭磨河至梭磨含之線。

4. 第四區，由下包座左經巴細、阿細、轄幔、
至索格藏；右向八頓之線。

5. 第五區，左沿黑水河上游，及雅爾隆河至
峨眉十五寨含；右向包子寺至西寧關之線。

己、岷江沿線，與威州、崇化間，及大金川沿線守備：

一、松潘（含）以上，仍由胡縱隊負責守責。

二、松潘（不含）以下，至灌縣含，均由李家鈺部
負責守備。

三、威州（不含）迤西，至大秋地（不含），由范
紹增部負責守備。

四、自大秋地（含）迤西，至虹橋山（含），由鄧
錫侯部負責守備。

五、自虹橋山（不含），經崇化、綏靖、沿大金
川，由劉文輝部負責守備。

二十六日設西北剿匪總司令部于西安。委員長兼任
總司令；以張學良為副司令，代行總司令職權。其下，
轄三路，三防區，兩總預備隊，一騎兵軍；如左：

第一路軍總司令朱紹良，副司令王均。

第一縱隊司令官王均。

第二縱隊司令官胡宗南。

第三縱隊司令官毛秉文。

第四縱隊司令官馬鴻賓。

第五縱隊司令官馬步芳。

第二路軍總司令于學忠。

第六縱隊司令官王以哲。

第七縱隊司令官董英斌。

第八縱隊司令官于學忠。

第三路軍總司令楊虎城。

第九縱隊司令官孫蔚如。

第十縱隊司令官馮欽哉。

第十一縱隊司令官高桂滋。

第一防區司令馬鴻逵，寧夏屬之。

第二防區司令馬麟，青海屬之。

第三防區司令孫楚，副司令井岳秀，山、陝邊區屬之。

第一總預備隊司令官周渾元。

第二總預備隊司令官龐炳勳。

騎兵軍軍長何柱國。

毛匪于二十日竄至哈達鋪一帶後，以一部圍攻岷縣，一部由隴西、武山間北竄。二十七日，北竄之匪陷通渭，有越西、蘭大道企圖，乃令：朱紹良督部截擊，截匪為兩段，勿使後續匪部，長驅直入。張學良對陝北之匪，暫取守勢；務先將入甘之毛匪，聚而殲之。

十月，朱、徐兩匪，既因內訌未同毛匪竄甘，遂將匪部合而改編為偽四、五、九、三十、三十一、三十二、三十三等七軍，約有二萬餘人，槍約一萬四千餘枝，朱匪自稱偽西北軍區總司令，徐匪副之；三日以

前，一部由毛兒蓋向蘆花、茂縣南竄；一部仍在阿壩，經青海部隊，及當地番兵痛剿，亦轉向南竄。而松潘西北之熱霧溝、較場壩、毛牛溝等處，仍各有小股。四日，匪萬餘，竄至卓克基及綽司甲對岸一帶，有攻我大金川河防之勢，除令馬步芳對阿壩方面注意偵防外。並于八日以前，先後命令各部，如左：

一、楊森飭部速向卓克基進剿，限刪日前占領；並跟匪追至綽司甲待命。

二、鄧錫侯部，速占阿壩候令。

三、劉文輝留兵約兩團于雅安附近，維持交通。其餘，全部移駐康北丹巴、道孚、鑪霍、懷柔、甘孜一帶，堵剿；勿使匪南竄。

四、西康宣慰使諾那，動員民兵防剿。

五、李韞珩部，專防瀘定、康定、與雅江一線。

六、李家鈺岷江部隊，定期移駐西昌各縣；所有松潘至威州遺防，由王纘緒派隊接守。

七、劉湘抽調二十一軍十五團以上兵力，進駐雅安附近。

　　八日，鄧錫侯部楊旅，由大秋地向阿壩前進，與匪相持于檔岡梁子；楊森部向旅，收復兩河口；遂令其確取連絡，以固兩河口，經虹橋山、大秋地，至理番之封鎖線。十一日，匪由綏靖以上，竄過大金川。次日，一股三千餘，攻我綏靖以下河防；是夜，綏靖失陷。由是，劉文輝部余旅，被匪截斷，一部向甘孜、道孚撤退，一部退守崇化。除令其轉飭丹巴部隊死守外。又令：楊森以有力部隊，出萬里城山，向匪側擊；李韞珩

部主力，控置康定；馬步芳部，駐玉樹之騎兵，南移康
境，向德格、甘孜以東地區活動，相機對大金川西竄之
匪截擊。十六日，崇化、丹巴均為匪陷；並分三路，向
我兩河口、撫邊等處，施行側擊；楊森部苦戰數日，卒
為匪乘。十九日，撫邊陷；楊部復在懋功以北，崇德溝
一帶，與匪激戰，失利。次日，懋功陷；楊部撤至甲金
山一帶，與匪對峙。而劉文輝在丹巴方面之部隊，撤至
金湯北之野牛溝待援。

　　二十一日至二十七日，以劉部失守綏、崇、丹巴，
楊部失守撫、懋，情勢日急，先後命令各部，如左：

一、楊森部，固守天全不含寶興，至大磽磧碉線。

二、劉文輝部，固守金湯；及守備天瀘，與雅、漢、
　　瀘線。

三、鄧錫侯部，守寶興（不含）經大川場、萬家坪、
　　水磨溝、耿達橋，至么姑娘塘碉線。其在日隆關部
　　隊，應派出游擊隊，向達維出擊。

四、范紹增部，仍守理番、關口至么姑娘塘，及關口至
　　大秋地線。

五、劉湘所部，除郭勛祺部九團集中天全外。應另派
　　十八個團，由綿竹、廣漢西開，逐次集中天全、名
　　山、邛崍、雅安，以備策應寶興、金湯、瀘定各
　　處，並相機向匪出擊，期在寶、雅、金、康、瀘地
　　區，殲滅匪部。

六、劉湘應增厚沿岷江防務，及酌量控置兵力于北
　　川。並嚴令孫震部，加強與戒備現任北川、江

油、平武、松潘一線原防；以防匪回竄涪江及嘉
陵江地區。

七、李家鈺部，以一旅守冕寧、九龍，一旅防守上自
瀘定不含，下至大樹堡不含，沿大渡河南岸。其餘
部，悉暫開西昌。（附圖十四）

三十日，以參謀團奉令結束，成立行營，而行營將
由成都移駐重慶；乃通令各部，嗣後關于剿匪戰略，
由行營頒布，至部局作戰事項，應仍由劉總司令負責
指揮。

朱、徐殘匪，雖經回竄；但前此在松潘西北地區，
受地勢及氣候限制，凍餓以死者甚眾。加以流竄過久，
迭經痛剿，日有傷亡損失，其精銳消滅殆盡；故卒為國
軍所破。至竄甘之毛匪，自我軍于本月三日克復通渭
後，由通渭南之碧玉關折而北竄；經靜寧之界石鋪、青
石駰，隆德北之將台堡、張易堡，又東竄平涼；經白楊
城及鎮原北之馬渠鎮、三岔河，于二十三日在環縣北之
洪德城、黑城岔一帶，分為兩股；一股經慶陽以北，竄
入洛川；一股則速竄定邊，均與陝北之匪會合。但沿途
經國軍之追堵截擊，死傷奇重，所餘不過三千人矣。

第四章　川軍之整理（黔軍附）

二十四年一月，參謀團未入川以前，川省軍隊，有正式番號者：

軍：第二十軍

　　　第二十一軍

　　　第二十三軍

　　　第二十四軍

　　　第二十六軍

　　　第二十九軍

師：新編第四師

　　　新編第六師

　　　新編第二十三師

　　　暫編第一師

　　　暫編第二師

　　　暫編第五師

　　　暫編第六師

　　　暫編第七師

旅：新編第九旅

　　　暫編第一，第二，第三，第四，第六，第七，

　　　第八，第九，第十等九旅。

以上師、旅；除新編第六，第二十三兩師獨立；及暫編第五、第六、第七等三師，歸第二十四軍節制外。其餘，均歸第二十一軍節制，有保存原番號者，有將原番號自行變更者。且因劃分防區之故，事實上演成八個互相對立之單位。各單位之勢力範圍，詳第五篇撤銷防

區章中。茲列舉各單位之兵力，如左：

一、第二十軍，軍長楊森；計轄：六個混成旅，共有
十八個團。另有：一憲兵大隊，一精練司令，一
機砲指揮，一手槍大隊，共兵力六個團。

二、第二十一軍，軍長劉湘；計轄：九個師，五個獨
立旅，四路邊防司令，三路警衛司令，兩路警備
司令，一城萬警備司令，一獨立支隊，共有兵力
一百二十五個團。另有：一憲兵大隊，一機關槍司
令，一砲兵司令，一警衛大隊，一稅警總隊；一航
空司令，飛機十架；一川江公安艦隊，砲艦兩艘；
一戰車大隊。

三、第二十三軍，代軍長劉邦俊；（其軍長先為劉存
厚）轄一個師，計兵力六個團。另一特務大隊。

四、第二十四軍，軍長劉文輝；計轄四個師，一屯殖司
令，共兵力二十七個團。

五、第二十八軍，軍長鄧錫侯；計轄：五個師，一特
科司令，一警備司令，共兵力四十二團。另一憲
兵司令。

六、第二十九軍，軍長田頌堯；（二十四年三月易以孫
震）計轄：六個師，五路司令，共兵力四十六團。
另有：一憲兵司令，一特務司令，一警衛司令。

七、新編第六師，師長李家鈺；轄七個旅，共兵力十九
個團。另一特科司令。

八、新編第二十三師，師長羅澤洲；轄四個旅，共兵力
十二個團。另有特科三大隊。
以上八個單位之兵力，就其已成立之團，再加特種

兵合計，總共約有三百四十個團。

三月二十四日，四川善後督辦劉湘，曾擬具各軍縮編辦法，呈請核示，其呈如左：

竊四川防區分治，積習多年，除羡亂民財各政統系外。其軍隊本身弊病，則編制凌亂，軍費浮冗，數量競事擴張，素質愈趨窳朽，屬民自養，不為民用，極宜改善，用副般期。茲謹籌畫分期辦理之策，臚舉綱要，用策進行：

一、由省府將財政接收管理，負責分別撥支軍政各費，以清各軍濫徵濫用之源。

二、第一期著手整理，將軍費分別核計，由職署照各軍個別情況，規定限度，令其自行緊縮；採委任經理辦法，酌量開支；其編制暫不限定。此過渡辦法，以兩個月為限。

三、第二期實行縮編：縮編各軍，即以各軍部隊素質，及剿匪成績為標準。綜計各軍現有部隊，約三百三十六團；茲擬縮編為二百一十團，數量既減，則開支自隨之而減。至團以上各機關，則按其數量及所屬部隊數量，規定開支；限兩個月縮編就緒。依此程序，分期整理，四川軍費，此時可望達到收支適合矣。

四、第三期當遵照中央法令，參酌四川情形，另擬編制辦法，呈請鈞座核定。倘軍隊數目，猶有餘額，則隨改進政治之度量，令遣若干軍隊，到邊境屯殖，或令作開發事業，及容納于保安

　　部隊等；均可從容辦到。

　　以上係斟酌四川各方面情形，認為尚近事理，可負責進行者，除將辦理情形，隨時呈報外，所有擬定分期整理，縮編編制辦法，是否有當？理合撮舉綱要，呈報鈞座鑒核示遵！

　　當時，以徐匪由陝南回竄川北，且搶渡嘉陵江，各路軍追堵正急；而朱毛殘匪，又流竄川、黔邊區，川南剿匪軍，亦正從事追堵；關于劉湘所呈，遂令從緩辦理。迨六月下旬，朱、徐等匪，被我軍嚴密封鎖于川西北邊區，乃規定縮編原則六項，令劉湘等遵行，令曰：

　　據查四川全省部隊，共有：軍部六，師部二十七，旅部一百一十九，通計約合三百四十團；兵量之多，幾達全國現額三分之一。顧四川縣政，全年收成，包括國省各稅在內，雖號稱八千一百餘萬，然以匪患及其他關係，切實估計，亦僅有六千七百餘萬元；而支出方面，全年共為八千三百餘萬元，就中軍費一項，即需六千萬以上，佔歲出全額百分之七十五，佔實數歲入全額，竟達百分之九十。然官兵之薪餉給養，依然不能照發；目前最急最要之剿匪經費，亦依然不能籌給。竭全川之財，不克養全川之兵，且以兵愈多而餉愈絀；餉愈絀，則質愈不良；不惟剿匪作戰，難期有效之進展；即軍風紀，亦復不易維持。地方人民，既深感剝削騷擾之痛苦；恐各軍長官，因多兵為累，亦將有不戰自斃之憂；一切地方善後，及省政財政之改革，更因此

而無法實行。故為救國救川，及各部隊長官之自救計，舍立即屬行縮編，極力裁減軍費外，實無其他善法；本委員長迭次召集各軍師長官訓話，均諄諄以此為勗，事在必行。茲特規定實施原則，如次：

一、查全川部隊，兵額太多，最短期間，實非裁減半數不可，前經明白宣示。現據劉總司令（湘）陳報，以各軍縮裁半數，非一蹴即能達到，擬請暫行縮裁三分之一；而由其所兼領之二十一軍，率先奉行，身為之倡。各軍長官，亦應澈底覺悟，切實辦理，各以縮編三分之一，為最低限度。除第四路軍，遵令在前方全部進剿，酌予展限，免誤戎機外。其餘，均于七月十五日以前，一律妥辦具報。現值七月一日新年度開始，為實行新預算計，切勿觀望自誤。

二、各軍部隊，除依前項標準，趕期切實縮編外。善後督辦公署，及其直屬之機關，與特種部隊經費；暨所定之軍費補充，與一切雜費；亦應分別裁減，亦以三分之一為最低限度。

三、全川軍費總額，應由六千萬元，暫行縮減為四千萬元。全川部隊，應即暫行縮編為二百團左右；每團經費，平均約以一萬一千元為準。師部以上之組織，尤應極力縮小，以免餉款虛糜。

四、今後各軍之械彈被服，責成善後督辦公署統籌統給，稟承行營，妥為支配；各軍不得再行設

廠造械，違者重懲。

五、各部隊編餘之官長，尚屬可用者，准列保彙
　　冊，呈報行營，考核甄別；當在川設立軍官訓
　　練團，加以訓練，再行分發任用。編餘之精壯
　　士兵，亦准列冊彙呈，以便改編兵工築路隊，
　　俾免流散。

六、各軍依照縮編標準，切實辦到後，今後之剿
　　匪作戰費，當按其部隊使用多寡，及其實際需
　　要，由行營負責籌撥，另予補助。

　以上各節，仰該總司令督同各部隊長官，尅日辦
　到，並將遵辦情形具報備核為要！

右令由各部切實奉行。

　　同時，一面組織四川各軍點驗團，附屬于參謀團；
其職員由參謀團，四川剿匪總司令部，及川軍各部之現
職人員調充。為便利工作起見，並分組點驗，以期確實
明瞭川軍之實際狀況；且使川軍各部，互相明瞭其狀
況，以昭大公。一面先成立峨嵋軍官訓練團，委員長自
兼團長，以劉湘為副團長，陳誠為教育長；將川、滇、
黔各部軍官，及團隊人員，輪流更番調往訓練兩星期；
授以精神講話，剿匪戰術等課目；並由委員長親臨主
持。嗣又成立中央陸軍軍官學校成都分校，儘先收容川
軍各部編餘之軍官。在十月參謀團結束以前，所有川軍
縮編之情形如左：

一、第二十軍，仍以楊森任軍長。所部經規定縮編為三
　　個師，共一十四個團；但因其在前方與匪相持，尚

未實行。

二、第二十三軍之一師,及新編第二十三師,因歸第五
　　路指揮,遂併入第二十一軍縮編。因其部隊較多,
　　分為第二十一、第二十三、第四十四等三軍;並
　　以唐式遵任第二十一軍軍長,潘文華任第二十三軍
　　軍長,王纘緒任第四十四軍軍長,統歸劉湘直轄。
　　至其所有部隊,在參謀團結束以前,僅規定縮為
　　八十三個團;應編為若干師,尚未決定。

三、第二十四軍,仍以劉文輝任軍長。所部經規定縮
　　編為三個師,共一十六個團。除已任陳光藻為第
　　一三六師師長外。其餘兩師長,尚未決定。

四、第二十八軍,因番號重複,改為第四十五軍,仍
　　以鄧錫侯任軍長。所部經規定縮編為五個師,共
　　二十四個團;並以陳鼎勳任第一二五師師長,黃隱
　　任第一二六師師長,馬毓智任第一二七師師長,楊
　　秀春任第一二八師師長,陳離任第一三一師師長。

五、第二十九軍,因番號重複,改為第四十一軍,以
　　孫震任軍長。所部經規定縮編為三個師,共一十九
　　個團;並以王銘章任第一二二師師長,曾憲棟任第
　　一二三師師長,孫震任第一二四師師長。

六、新編第六師改為第一○四師,仍以李家鈺任師
　　長。所部經規定縮編為三個旅,共屬九團;另獨
　　立團一。

以上六部,共縮編為一百一十六個團。

　　關于川軍經費,每月由行營駐川財政監理處,分上
下兩期撥付四川善後督辦公署,轉發各部。計:**機關費**

二二三、一六〇元；部隊伙餉一、三五二、一〇〇元；
被服費一三〇、〇〇〇元；總共三、四〇八、五二〇
元。而各部每月所領數目，計：第二十軍一七〇、四
〇〇元；第二十四軍一九〇、〇〇〇元；第四十一軍
二八二、六六六元；第四十五軍三五七、三三三元；第
一〇四師一四九、三三三元；合計一、一四九、七三三
元。其餘二、二五八、七八八元，則由劉湘直轄各部分
別具領。

　　黔軍之有正式番號者，為第二十五軍（軍長王家
烈），其所部因意見不合分裂；並各據一隅，亦如川省
之防區，惟勢力範圍，不如川省之明顯；且因地方貧
瘠，情形亦較川省為簡單。茲將其收編之大概，附記
于左：

一、新編第二十五師，兩旅四團：係就侯之擔部改編，
　　以沈久成任師長，八月由黔調川。

二、第一〇二師，師長柏輝章；第一〇三師，師長何知
　　重；各兩旅四團，係就王家烈之直轄部隊改編。六
　　月將該兩部由黔調川，嗣又調鄂。

三、第一二一師，師長吳劍平；兩旅四團，係就猶國材
　　部改編。

四、新編第八師，轄三個團，係就蔣在珍部改編，仍以
　　蔣任師長。

民國史料 25

南昌行營：
參謀團大事記（一）

Generalissimo's Nanchang Field Headquarter:
Military Staff Records, Section I

編　　者　民國歷史文化學社編輯部
總 編 輯　陳新林、呂芳上
執行編輯　李佳若
文字編輯　林弘毅
排　　版　溫心忻、盤惠秦

出 版 者　開源書局出版有限公司
　　　　　香港金鐘夏慤道 18 號海富中心
　　　　　1 座 26 樓 06 室
　　　　　TEL：+852-35860995

　　　　　民國歷史文化學社 有限公司
　　　　　10646 台北市大安區羅斯福路三段
　　　　　　　　37 號 7 樓之 1
　　　　　TEL：+886-2-2369-6912
　　　　　FAX：+886-2-2369-6990

銷 售 處　深流成文化 股份有限公司
　　　　　10646 台北市大安區羅斯福路三段
　　　　　　　　37 號 7 樓之 1
　　　　　TEL：+886-2-2369-6912
　　　　　FAX：+886-2-2369-6990

初版一刷　2020 年 6 月 30 日
定　　價　新台幣 300 元
　　　　　港　幣　80 元
　　　　　美　元　11 元
I S B N　　978-988-8637-69-0